编委

郝文杰	全国民航职业教育教学指导委员会副秘书长、中国民航管理干部学院副教授
江丽容	全国民航职业教育教学指导委员会委员、国际金钥匙学院福州分院院长
林增学	桂林旅游学院旅游学院党委书记
丁永玲	武汉商学院旅游管理学院教授
刘元超	西南航空职业技术学院空保学院院长
杨文立	上海民航职业技术学院安全员培训中心主任
范月圆	江苏航空职业技术学院航空飞行学院副院长
定琦	郑州旅游职业学院现代服务学院副院长
黄华	浙江育英职业技术学院航空学院副院长
王姣蓉	武汉商贸职业学院现代管理技术学院院长
毛颖善	珠海城市职业技术学院旅游管理学院副院长
黄华勇	毕节职业技术学院航空学院副院长
魏日	江苏旅游职业学院旅游学院副院长
吴云	上海旅游高等专科学校外语学院院长
刘晏辰	三亚航空旅游职业学院民航空保系主任
史金鑫	中国民航大学乘务学院民航空保系主任
汤黎	武汉职业技术学院旅游与航空服务学院副教授
江群	武汉职业技术学院旅游与航空服务学院副教授
汪迎春	浙江育英职业技术学院航空学院副教授
段莎琪	张家界航空工业职业技术学院副教授
王勤勤	江苏航空职业技术学院航空飞行学院副教授
覃玲媛	广西蓝天航空职业学院航空管理系主任
付翠	河北工业职业技术学院空乘系主任
李岳	青岛黄海学院空乘系主任
王观军	福州职业技术学院空乘系主任
王海燕	新疆职业大学空中乘务系主任
谷建云	湖南女子学院管理学院副教授
牛晓斐	湖南女子学院管理学院讲师
戴璐	海口经济学院旅游与民航管理学院讲师
胡飞	中国民航大学乘务学院民航空保系讲师

高等职业学校"十四五"规划民航服务类系列教材

民航客舱服务与管理

主　编 ◎ 江丽容　王观军
副主编 ◎ 廉晓利　龚千珂　何　露　郭怡辰

华中科技大学出版社
http://press.hust.edu.cn
中国·武汉

图书在版编目(CIP)数据

民航客舱服务与管理/江丽容，王观军主编. —武汉：华中科技大学出版社，2022.1(2023.9重印)
ISBN 978-7-5680-7826-9

Ⅰ.①民… Ⅱ.①江… ②王… Ⅲ.①民用航空-旅客运输-商业服务-教材 Ⅳ.①F560.9

中国版本图书馆 CIP 数据核字(2022)第 009237 号

民航客舱服务与管理
Minhang Kecang Fuwu yu Guanli

江丽容　王观军　主编

策划编辑：	胡弘扬　汪　杭
责任编辑：	洪美员
封面设计：	廖亚萍
责任校对：	李　弋
责任监印：	周治超
出版发行：	华中科技大学出版社(中国•武汉)　　电话：(027)81321913
	武汉市东湖新技术开发区华工科技园　　邮编：430223
录　　排：	华中科技大学惠友文印中心
印　　刷：	武汉开心印印刷有限公司
开　　本：	787mm×1092mm　1/16
印　　张：	11.5　插页：2
字　　数：	290 千字
版　　次：	2023 年 9 月第 1 版第 2 次印刷
定　　价：	49.80 元

本书若有印装质量问题，请向出版社营销中心调换
全国免费服务热线：400-6679-118　竭诚为您服务
版权所有　侵权必究

INTRODUCTION
出版说明

民航业是推动我国经济社会发展的重要战略产业之一。"十四五"时期，我国民航业将进入发展阶段转换期、发展质量提升期、发展格局拓展期。2021年1月在京召开的全国民航工作会议指出，"十四五"期末，我国民航运输规模将再上一个新台阶，通用航空市场需求将进一步激活。这预示着我国民航业将进入更好、更快的发展通道。而我国民航业的快速发展模式，也进一步对我国民航教育和人才培养提出了更高的要求。

2021年3月，民航局印发《关于"十四五"期间深化民航改革工作的意见》，明确了科教创新体系的改革任务，要做到既面向生产一线又面向世界一流。在人才培养过程中，教材建设是重要环节。因此，出版一套把握新时代发展趋势的高水平、高质量的规划教材，是我国民航教育和民航人才建设的重要目标。

基于此，华中科技大学出版社作为教育部直属的重点大学出版社，为深入贯彻习近平总书记对职业教育工作作出的重要指示，助力民航强国战略的实施与推进，特汇聚一大批全国高水平民航院校学科带头人、一线骨干"双师型"教师以及民航领域行业专家等，合力编著高等职业学校"十四五"规划民航服务类系列教材。

本套教材以引领和服务专业发展为宗旨，系统总结民航业实践经验和教学成果，在教材内容和形式上积极创新，具有以下特点：

一、强化课程思政，坚持立德树人

本套教材引入"课程思政"元素，树立素质教育理念，践行当代民航精神，将忠诚担当的政治品格、严谨科学的专业精神等内容贯穿于整个教材，使学生在学习知识的"获得感"中，获得个人前途与国家命运紧密相连的认知，旨在培养德才兼备的民航人才。

二、校企合作编写，理论贯穿实践

本套教材由国内众多民航院校的骨干教师、资深专家学者联合多年从事乘务工作的一线专家共同编写，将最新的企业实践经验和学校教科研理念融入教材，把必要的服务理论和专业能力放在同等重要的位置，以期培养具备行业知识、职业道德、服务理论和服务思想的高层次、高质量人才。

三、内容形式多元化，配套资源立体化

本套教材在内容上强调案例导向、图表教学，将知识系统化、直观化，注重可操作性。华中科技大学出版社同时为本套教材建设了内容全面的线上教材课程资源服务平台，为师生们提供全系列教学计划方案、教学课件、习题库、案例库、教学视频音频等配套教学资源，从而打造线上线下、课内课外的新形态立体化教材。

我国民航业发展前景广阔，民航教育任重道远，为民航事业的发展培养高质量的人才是社会各界的共识与责任。本套教材汇集来自全国的骨干教师和一线专家的智慧与心血，相信其能够为我国民航人才队伍建设、民航高等教育体系优化起到一定的推动作用。

本套教材在编写过程中难免存在疏漏、不足之处，恳请各位专家、学者以及广大师生在使用过程中批评指正，以利于教材质量的进一步提高，也希望并诚挚邀请全国民航院校及行业的专家学者加入我们这套教材的编写队伍，共同推动我国民航高等教育事业不断向前发展。

华中科技大学出版社
2021 年 11 月

PREFACE
前言

"民航客舱服务与管理"课程是空中乘务专业的一门专业核心课程,本书系该课程的职业实践类课程教材。本书坚持"以职业能力为导向"的教育理念,建立"项目学习课程"体系,采用"工作过程导向""旅客体验为导向",突出"工学结合"的编写模式,打破传统以知识体系为线索的编写模式;采用以职业岗位工作要求与任务为中心,实行行动导向"教、学、做"一体化的平台,形成了项目任务驱动、项目学习的教材编写模式。

本书突出应用性和实践性,遵循"先进、简明、适用、通俗"的原则,以能力为本位,兼顾知识教育、技能教育和能力教育,融入各学习项目中,具体表现在以下三个方面。

一是以"工作过程""旅客体验"为导向,以能力为本位,以职业活动为内容,直接为职业服务。

二是充分体现学生参与学习的教学目标,实现理论和实践一体化。

三是以职业活动体系的系统化为依据的编写理念,改变了传统的以知识体系的系统化为依据的课程模式。

本书由江丽容、王观军主编,负责全书内容结构设计、统筹、把关等。具体编写分工如下:项目一由福建省福州旅游职业中专学校江丽容编写;项目二由张家界航空工业职业技术学院龚千珂编写;项目三由驻马店职业技术学院郭怡辰、漳州职业技术学院廉晓利编写;项目四由福州职业技术学院王观军编写;项目五由湖南高尔夫旅游职业学院何露编写。

在本书编写过程中,编者参阅了大量的教学资料、文献专著和网络资源,在此,向这些资料、文献专著和网络资源的作者表达诚挚的谢意。同时,感谢厦门航空公司福州机场工作人员、福建海洋职业技术学校李玲老师,以及福州职业技术学院空乘专业的学生给予的帮助和支持。

由于编写时间仓促、编者水平有限,书中疏漏与不当之处在所难免,恳请广大读者批评指正。

编 者
2021 年 10 月

CONTENTS 目录

项目一 | **客舱服务与管理概述** ... 1
　任务一　服务与客舱服务 ... 2
　任务二　客舱乘务员 ... 10
　任务三　客舱管理 ... 24

项目二 | **预先准备阶段** ... 28
　任务一　个人航前准备 ... 29
　任务二　集体航前准备 ... 36
　任务三　统一出行 ... 42

项目三 | **直接准备阶段** ... 44
　任务一　检查客舱设备 ... 45
　任务二　检查机供品准备情况 ... 65
　任务三　客舱全面检查 ... 69

项目四 | **客舱服务实施阶段** ... 77
　任务一　迎客服务 ... 78
　任务二　起飞前的客舱安全工作 ... 93
　任务三　娱乐服务 ... 103
　任务四　餐饮服务 ... 109
　任务五　特殊旅客服务 ... 129
　任务六　航班延误服务 ... 146
　任务七　航班到达准备 ... 153
　任务八　送客服务 ... 160

项目五 | **客舱航后服务阶段** ·· 167
　　　　任务一　客舱安全检查 ·· 168
　　　　任务二　航班服务讲评 ·· 171

参考文献 | ·· 176

项目一　客舱服务与管理概述

项目目标

本项目旨在使学生了解客舱服务、客舱乘务员和客舱管理内容的专业知识及相关职业能力。

知识目标

1. 了解服务的定义、特性、要素；
2. 了解客舱服务的特点、礼仪；
3. 熟悉客舱乘务员的职业标准；
4. 掌握客舱乘务员的岗位职责、专业术语。

素质（思政）目标

1. 培养学生懂得包容他人、尊重他人；
2. 培养学生爱岗敬业，具有职业的责任感；
3. 培养学生主动、热情、周到、具有奉献服务意识。

知识框架

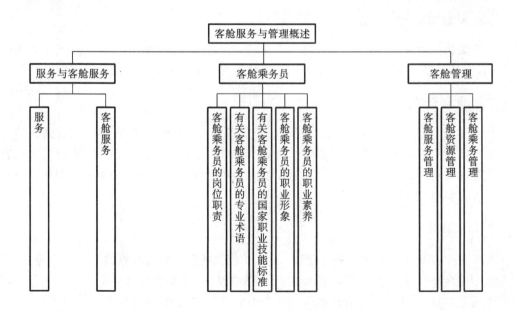

项目引入

客舱服务与管理概述主要讲解了客舱服务与管理所需的基本服务知识。针对航空服务行业的特点，本项目深入阐述了客舱服务与管理的服务概念、内涵和特点，以及乘务员的职业标准、专业术语等，旨在深化学生对职业性质和要求的理解，为学生从事空乘工作打下扎实的基础，获得旅客的认同与美誉，争取更多的客源。

任务一　服务与客舱服务

服务经济时代已经到来，服务是现代企业赖以生存的命脉。服务一直是我国民航业尤为重视的事情。可以说，现代企业取得成功的一大秘诀就是满足客户的需求，因为只要是企业，就会有客户，就需要相应的服务。一般来说，社会上的每一个人都会为他人服务，而真正的服务是从心开始的，并且必须发自内心。概括来说，服务是指服务方遵照被服务方的意愿和要求，为满足被服务方需要而提供相应活动的过程。

一、服务

（一）服务的特性

服务是指为他人做事，并使他人从中受益的一种有偿或无偿的活动。它一般不以实物的形式，而是以提供劳动的形式满足他人的某种需要。服务具有以下四个基本特性。

1　无形性

服务本质上是无形的，它不能被触摸，不能被品尝，不能被嗅到，亦不能被看到。这与商品的实质或有形性形成了鲜明的对比。例如，有形商品可以从色泽、大小、形状等方面判断其质量的好坏，而服务在很大程度上是无形的和抽象的。因为服务是由一系列活动所组成的过程，而不是实物。

2　差异性

服务是由人表现出来的一系列行动。员工所提供的服务通常是顾客眼中的服务，由于没有两个完全一样的员工，也没有两个完全一样的顾客，故没有两种完全一致的服务。客舱服务的差异性，一方面是指客舱服务主要由乘务员来完成的，而每位乘务员由于年龄、性别、性格、素质和文化程度等方面的不同，他们为旅客提供的服务也不尽相同。另一方面，同一乘务员在不同的场合、不同的时间，或面对不同的旅客，其服务态度和服务方式也会有所差异。例如，乘务员在为年长的旅客服务时，往往会主动上前搀扶，而对于那些不服老的年长旅客而言,他们也许并不认同或者接受这个服务。

3 同步性

同步性特征是指航空客运服务的生产过程与消费过程同时进行,旅客只有参与到服务的生产过程,才能最终获得服务。大多数商品是先生产,然后存储、销售和消费,但大部分的服务却是先销售,然后同时进行生产和消费。

4 不可储存性

服务过程是一个消费的过程,具有不可储存性。航空公司提供给旅客的客运服务产品并不能够因为旅客的多少而储存。客运服务产品的不可分性决定了其运力不可储存。一般来说,旅客一进入客运服务系统,客运服务产品就开始生产;旅客一离开客运服务系统,客运服务产品就被消费完毕。

(二)服务的基本要素

1 服务意识

所谓服务意识,不仅仅局限于对顾客的服务中,在任何企业、组织、团队中,从领导到基层员工,都应该具备这种意识。作为航空公司这样的服务型企业,服务意识更是要渗透到员工的血液里。真正的服务,不是一两句口号,而是深入人的血液中的一种意识,只有具备了这样一种意识,才能把服务质量提高到一个全新的境界。

2 规范化服务

规范化服务又称标准化服务,它是由国家和行业主管部门制定并发布的某项服务(工作)应达到的统一标准,要求从事该项服务(工作)的人员必须在规定的时间内按标准进行服务(工作)。乘务员在服务过程中应做到操作标准、服务规范、用语礼貌、举止得体,给旅客留下良好的印象,赢得旅客的信任。例如,"待客三声":"一声"指来有迎声,如"您好""欢迎登机"等;"二声"指问有答声,要做到有问必答、按时回答、限时回答和不厌其烦;"三声"指去有送声,如"再见""欢迎您再次乘坐本次航班"等。"四个不讲"指的是:不尊重对方的语言不能讲;不友好的语言不能讲;不客气的语言不能讲;不耐烦的语言不能讲。

3 优质服务

优质服务可以让企业、客户、员工实现三赢,对于企业员工来说,为客户提供优质的服务能够给自己带来莫大的益处。一般来说,"规范服务+超常服务=优质服务",即优质服务是指在规范服务的基础上有超乎常规的表现。规范化的服务可以使客户无法感到不满意,而超常服务则是在完成规范服务的基础上,使自己的服务效率更高,或者增加一些规范服务中没有涉及的、根据特定情况所额外提供的服务内容。

4 个性化服务

民航客舱拥有不同层次的旅客,上至国家政要,下至平民百姓;既有经常乘坐飞机的商务旅客,又有初次乘机的旅游团队,等等。乘务员应该根据不同层次、不同要求、不同地区、不同国籍的旅客提供个性化的服务。例如,为"两舱"(头等舱和公务舱)旅客服务时注重的是服务细节,如动作的轻柔、沟通的适时、服务"零打扰";而为团队旅客服务的时候注重的是他们的乘机兴趣,如向旅客介绍飞机机型、空中沿途风景等。这些个性化服务是提升服务品质的关键。

5 服务态度

1) 主动服务

主动服务就是乘务员对自己所承担的工作任务或与自己有关的其他任务,不在外力推动下,自主以积极的态度所采取的行动。主动、及时的客舱服务是乘务员服务意识的具体表现形式之一,乘务员要善于通过旅客的肢体语言、神情变化和情绪发泄来发现旅客潜在的需求,服务于旅客开口之前。在与旅客的语言交流过程中要注意揣摩旅客心理,第一时间了解和掌握旅客的基本信息和期望,及时提供旅客所需要的服务。例如,当旅客突然打喷嚏,正在因身边没有纸巾而身处"窘境"时,这时乘务员不动声色地立即递上纸巾,既缓解了旅客的尴尬境地,又体现了乘务员主动、敏捷的服务反应。

■ 知识链接

服务之星案例:厦门航空空中乘务部苏新然

2018年7月2日,苏新然作为航班的客舱经理执飞 MF804(墨尔本—厦门)航班(见图1-1),发现飞机上四个右侧盥洗室,除商务舱外,其余三个右侧马桶冲水功能和洗手池下水功能均失效,通过控制面板查看发现右侧污水箱处于 FULL 状态。苏新然立刻布置各舱位乘务员对盥洗室进行监控,防止脏水外溢,同时马上进入驾驶舱将情况向机长报告,并听从机长安排,将右侧三间出现故障的盥洗室锁闭。随后,苏新然将航班盥洗室的情况告知乘务组成员,要求乘务组加强巡视客舱,有效引导旅客使用飞机左侧盥洗室,关注携带婴儿的旅客并做好引导。随后,苏新然和乘务员一起将右侧盥洗室洗手池内的积水用杯子舀出来,清洁好洗手池和盥洗室内部,倒空废纸箱,关闭水龙头感应器,锁闭盥洗室,挂上故障标牌,防止旅客误用,并在7号乘务员座椅上安排乘务员全程就座,做好致歉、解释和引导工作。当日航班还经历了严重颠簸,旅客在乘务组不间断的关心与解释中愉快地度过了旅程,甚至有些旅客主动跟客舱经理苏新然说:"今天飞机上厕所出了问题,我们看在眼里,辛苦你们了,你们的敬业精神值得赞扬。"特别是一位带婴儿出行的旅客表示,乘务员十分关心孩子的情况,协助自己照顾孩子更换尿布,孩子坐这样的航班出行,是与厦门航空(以下简称厦航)的缘分。另一位经常坐飞机的旅客特意挑选了左侧的座位,在紧急出口的位置,没想到右侧盥洗室发生故障后,很多旅客在左边通道排队,影响了他的休息。但他特意向航空公司反馈,对乘务组进行了表扬,表示客舱经理苏新然对他的致歉和关心,让他如沐春风,航程中他也通过机上网络向地面的朋友讲述了厦航乘务真情服务的非凡之旅,他表示乘务员们都付出了很多努力,客舱经理以身作则,乘务组立足岗位的这份真情着实让人感动。

(资料来源:民航资源网,http://new.carnoc.com/list/489/489715.html,收录时略有改动)

图 1-1 厦门航空

2）热情服务

热情服务就是对待客人和同事，都能以真挚的情感和热忱的态度相处。态度决定一切，热情、真诚的服务态度是旅客感受服务最直接的体现，而发自内心的微笑服务又是热情、真诚最好的表现。客舱乘务员应该本着真诚的态度营造一种亲切的氛围，让旅客进入客舱后有一种宾至如归的感觉。这种亲切的职业形象容易拉近乘务员与旅客之间的距离，可以使乘务员在服务过程洋溢着爱心，服务水平也能得到较大限度的发挥。

■ 知识链接

空中天使 温暖人心——旅客赠送锦旗致谢上航乘务员

2019年4月15日，上海航空（以下简称上航）客舱服务部收到了一名旅客专程送来的一面锦旗，上面写着"空中天使 温暖人心"，表达对上航乘务员用心服务的由衷感谢。乘务员陈芸菲执行从南宁飞往上海的航班，在登机过程中，细心的她发现有两名男乘客——一个是爸爸、一个是爷爷，两人带着一个差不多十个月大的宝宝在找座位，于是马上主动迎上去帮忙拿行李并安排他们入座。起飞后，可能由于陌生的环境，高空的压力让宝宝吵闹不止，孩子的爸爸和爷爷怕打扰其他客人，想着各种法子哄着小宝宝，但似乎小家伙并不买账，两个大男人也束手无策。刚成为妈妈的陈芸菲每次在飞机上看到宝宝都会觉得特别亲切，当她看到这个情况，便主动上前试着安抚宝宝，并拿着飞机上的魔方去逗他。可能是和这个宝宝特别有缘分，也可能是乘务员温柔声音像极了小宝宝的妈妈，小宝宝慢慢平静下来并露出了可爱的笑容。在后续的航程中，陈芸菲不时地过去帮忙照顾宝宝，冲奶粉、哄小宝宝入睡……让爸爸和爷爷松了一口气。下机前，爸爸和爷爷再三道谢，并在到家后第一时间致电表扬了陈芸菲，爷爷还特地嘱咐爸爸一定要制作一面锦旗送到航空公司以肯定乘务员的优质服务。对于这位旅客的当面称赞和致谢，陈芸菲欣慰地说："没想到我的一个小小的举动能让旅客那么感动，这些感动，源于生活、源于真情、源于真心，希望我们和旅客之间能始终保持这份真情，一直互相感动着！"

（资料来源：中国民网航空网，http://www.ccaonline.cn/news/hot/511581.html，收录时略有改动）

3）耐心服务

耐心服务就是在任何情况下都不急躁、不厌烦，满腔热情地去为旅客服务。耐心是成功服务的基石，服务过程中，挑剔型的旅客总会认为"这个不是，那个也不是"，满脸的不耐烦，遇到这类旅客，乘务员在提供服务时不要加以辩驳，不能产生厌恶感，更不能带"气"，而应该耐心地听旅客讲，耐心地为其服务，使旅客满意。

4）周到服务

周到服务是指在服务内容和项目上细致入微，处处方便旅客、体贴旅客，千方百计地帮助旅客排忧解难，服务做在旅客开口之前。学会恰到好处地运用服务语言，善于倾听旅客的要求，及时发现旅客的细小变动。从旅客的需要出发，最大限度地予以满足，把服务工作做完整、做彻底，想旅客所想，急旅客所急。

二、客舱服务

客舱服务是指航空公司为乘机旅客在客舱内提供餐饮服务、娱乐节目等具体的服务项目以及微笑、热情、友好等种种表现形式，在为旅客提供能够满足其生理和心理的、物质和精神的需要过程中创造一种和谐的气氛，产生一种积极的心理效应，从而使旅客乐于交流、乐于再次乘坐的一种活动。

（一）客舱服务的定义

从狭义角度看，客舱服务是按照民航服务的内容、规范要求，以满足旅客需求为目标，为乘坐航班的旅客提供服务的过程。从广义角度看，客舱服务是以客舱为服务场所，以个人影响力与展示性为特征，将有形的技术服务与无形的情感传递融为一体的一种综合性活动。

（二）客舱服务的特点

1 安全责任重大

飞行安全是航空公司的生命，是航空公司开展工作的首要目标。客舱安全作为飞行安全的一个重要组成部分，是飞行安全的基本保证。由于航空飞行的特殊性决定了航空企业的安全责任，所以确保客舱安全是航空飞行的基本内容。驾驶舱的机组成员操控飞机，直接掌握飞机飞行的生命线，而乘务组的首要职责就是确保客舱安全，这是所有客舱服务的基本要求。

2 服务环境特殊

客舱服务是在飞机客舱中进行的，飞机客舱空间狭小，设施功能特殊，使得飞机上的客舱服务有别于其他服务行业。并且，乘务员在服务过程中是近距离、长时间地接触旅客，会受到飞行状态和旅客情绪的影响，所以要求乘务员能够具有适应特殊环境的能力。

3 服务内容繁杂

客舱服务的内容繁杂多样,涉及范围广泛。首先,飞机上的安全服务是其他服务活动所不能比拟的。从旅客走进客舱,到离开飞机,各种安全检查、安全演示和安全提醒贯穿整个飞行过程。其次,在飞机平飞阶段,乘务员需要为旅客提供餐饮等多项服务,并且尽可能满足旅客提出的要求。这就要求乘务员要忙中有序,不能出错。提供餐饮时,乘务员应该注意餐车的推拉方式,注意柜门的开启和关闭,注意递送餐饮的顺序,避免烫伤旅客。物品的摆放和各项操作也要规范进行,以防失误而导致客舱安全事故的发生。

4 对乘务员的综合素质要求高

飞机的飞行环境、服务对象以及服务过程有着极大的特殊性,飞机在飞行过程中也可能出现复杂多变的各种情况和突发事件,这就要求乘务员具有很强的心理素质,临危不惧,果敢坚定;善于发现问题,果断处理问题;具有灵活的沟通能力和应变能力,能够有效地与不同旅客进行沟通;具有很强的亲和力和超越自我情感的职业情感,能提供充满爱心的服务等。

(三)客舱服务礼仪

1 服务礼仪的定义

服务礼仪是属于职业礼仪的一种,它是指在各种服务工作中形成的,并得到共同认可的一种礼节和仪式,是服务人员在服务过程中恰当地表示对旅客的尊重和与旅客进行良好沟通所需要掌握的基本技巧和方法。掌握基本的服务礼仪是乘务员必备的素质和基本条件。出于对旅客的尊重与友好,乘务员在服务中要注重仪表、仪容、仪态和语言、操作的规范;热情服务则要求乘务员发自内心地、热忱地向旅客提供主动、周到的服务,从而表现出乘务员良好的风度与素养。

2 服务礼仪的理念

1) 以尊重为本

礼仪的核心作用是为了体现人与人之间的相互尊重。尊重包含自尊和尊重他人两方面。

自尊是通过言谈举止、待人接物、穿着打扮来体现的。一个人如果不自尊自爱,别人是不会看得起他的。自尊包含三个层面:第一是自尊自爱,爱护自己的形象;第二是尊重自己的职业;第三是尊重自己的公司。只有做到约束自己、尊重他人,才能使人们更轻松愉快地交往。"为他人着想"是人与人之间正常交往的基本原则。

2) 善于表达

善于表达就是通过口头语言和动作语言来表达相应的观点和意思。不善于表达或表达不好都不行,表达要注意环境、氛围、历史文化等因素。

■ 知识链接

沟通技巧小锦囊

1. 三思而后言

为了避免说出不恰当的话,在说任何话之前,都应先想想自己想表达什么、应该说什么,说了之后别人会有什么反应,站在对方的立场上思考一下。在很多的情况下,如果能花10秒钟设身处地为他人着想,人们就不容易说错话。

2. 发现说错了,立刻道歉

每个人都会偶尔说错话,一旦察觉自己说了不该说的话,就要马上想办法进行弥补,尽可能地减少负面影响。平时多留意别人的反应,如果自己说错话了,对方脸色变难看了,就必须马上真诚地道歉,不要为自己的错误找借口;即使对方表现得并没有那么在意,也应简单地向对方道歉。

3. 不要去争谁对谁错

不要对一些细节争论不休,或喜欢纠正别人的错误,以此来炫耀自己的知识渊博、伶牙俐齿。当我们与别人沟通时,应该采用一种随和、不具有侵略性的说话方式。这样,当我们在表达意见时,别人就会比较容易听进去,而不会产生排斥感。与别人沟通时,不要经常去争对错,因为有些事本来就没有所谓的对与错,只不过双方的立场不同而已,如果我们站在对方的立场,就很可能与对方的观点一致。

4. 对事不对人

沟通的目的,是为了解决问题,而不是吵架。如果我们就问题本身进行沟通,那讨论的是问题的解决方案,但如果我们针对的是个人,那么讨论就会变成吵架,甚至人身攻击,非但问题没有解决,两个人说不定就吵起来或打起来了。与人沟通时,应理智地对待每一件事,只有做到对事不对人,沟通才能高效。

3)形式规范

形式规范是要求乘务员在运用服务礼仪时一定要遵循标准、符合规范程序,否则就会失礼。客舱服务既有国家规定的服务标准,又必须达到民航安全运行的要求,如为旅客提供饮料时都有严格的标准。一般情况下,倒饮料七八分满,这不仅是礼仪要求,更是安全的要求。倒热饮时如发生颠簸,应停止相关动作,如确需提供热饮,也要严格遵守倒五分满的标准,防止因颠簸造成的倾翻和烫伤。

4)微笑服务

微笑服务是指客舱乘务员以真诚的笑容向旅客提供服务,同时也反映出客舱乘务员的美好心灵和高尚情操。微笑会让旅客感觉亲切,很多人会不好意思直接拒绝微笑服务,不过微笑需要把握好度,否则会让旅客觉得非常假,适得其反。微笑并不是要求表现得多高兴,事实上,它体现的是一种重要的体态语言、社会语言,具有社会性。微笑反映的是一种意愿、一种关系、一种文化。面对飞机上的每一位旅客,客舱乘务员必须面带微笑,微笑是客舱乘务员必备的基本沟通技巧。航空服务的微笑一向被服务业所推崇,而乘务员的微笑更是服务业首推的"职业微笑"。

■ 知识链接

微笑训练方法

1. 微笑的四个步骤

(1) 对镜子摆好姿态,像婴儿咿呀学语那样,说"E",让嘴的两端朝后缩,微张双唇。

(2) 轻轻浅笑,减弱"E"的程度,这时候能感觉到颧骨被拉向斜后方向。

(3) 相同的动作反复几次,直到感觉自然为止。

(4) 在走路、说话、工作时都可以随时练习。

2. 微笑的三结合

(1) 和眼睛的结合。当微笑的时候,眼睛也要"微笑",否则,会让人感觉是"皮笑肉不笑"。

眼睛会说话,也会笑。如果内心充满温和、善良和厚爱的时候,眼睛的笑容一定非常感人。眼睛的笑容又分为两种:一是"眼形笑",二是"眼神笑"。

可以这样练习:用一张纸遮住眼睛下边的部位,对着镜子,心里想着最使自己快乐的情景。这样,你的眼睛就会露出自然的微笑。这时候,眼睛周围的肌肉也处于微笑的状态,这是"眼形笑"。然后放松面部肌肉,嘴巴也恢复原样,可目光中仍然含笑脉脉,这就是"眼神笑"的境界。学会用眼神和人交流,这样你的微笑才会更传神、更亲切。

(2) 和语言的结合。可以微笑着说"早上好""您好"等礼貌用语,不要光说不笑或光笑不说。

(3) 和身体的结合。微笑要与正确的身体语言相结合才会相得益彰,给人以最佳的形象。

(四) 客舱服务的意义

1 客舱服务是彰显航空公司服务能力的重要窗口

客舱服务作为民航的窗口岗位,是旅客评价中国民航服务的直接入口,也是影响中国民航经济的重要因素。它是旅客体验航空公司服务产品时间最长的一个阶段。客舱服务除了向旅客提供舒适的座椅、可口的餐食、丰富的娱乐设施等硬件服务外,更为关键的是乘务员对旅客的服务态度、服务规范以及是否真诚热情、主动及时把提供特色服务,这些都是旅客感受企业服务能力最直观的体现。优质的空中服务是航空公司利润最大化的保障,航空公司应借助空中服务这个平台树立起良好的公司形象,创建优质服务品牌,并充分利用空中优势去赢得旅客,推动中国民航经济快速向前发展,为中国民航运输业开创一个美好灿烂的明天。

2 客舱服务是服务营销的重要组成部分

优质的客舱服务能够有效地巩固现有旅客,赢得更多回头客,扩充大量长期忠诚的客户,是企业创造经济效益不可忽视的重要方面。例如,航空公司的常旅客能为企业带来更多的客源,从而促进航空公司的销售额不断增长。根据著名的 80/20 法则,航空公司的 80% 的利润来源于 20% 的销售机会,而拥有优质的客舱服务有利于航空公司把握住 20% 的销售机会,赢得更大利润。

任务小结

民航客舱服务是一项烦琐的工作,在客舱服务中,乘务员的服务是最受旅客关注的环节。本任务主要通过服务和客舱服务两部分的概述,说明客舱服务是航空公司乘务员与旅客面对面服务交流的一个重要方面。

思考题

1. 简述服务的基本要素。
2. 简述客舱服务的特点。

任务二 客舱乘务员

客舱乘务员又称空乘、空服员,女性称空姐、空嫂,男性称空少,在客舱里负责旅客的乘机安全和帮助乘客舒适地度过整个航程。由于航空服务的特殊性,客舱乘务员的职责要求、训练项目和工作规章与其他服务工作有较大的区别。

一、客舱乘务员的岗位职责

(一)乘务长

(1)作为乘务组的负责人,负责组织领导客舱服务工作,督促乘务员按照有关规定做好服务工作,确保优质服务及客舱安全。
(2)认真核实签收的各种文件,负责有关物品的交接,填写客舱故障本、问题反馈单等。
(3)负责与飞行组及地面部门的协调工作。
(4)当航班中出现特殊情况时,有权更改服务计划,合理调整乘务员的工作区域。
(5)航班出现紧急情况时,按照机长指令,指挥乘务员进行应急处置,及时疏散乘客。
(6)航班任务完成后,负责组织航后讲评会,认真填写乘务长工作单。

(二)普通舱乘务员

(1) 主要负责本区域的客舱服务和安全工作。
(2) 负责模拟客舱乘务各阶段的工作。
(3) 负责向乘务长报告客舱信息,提出建议。
(4) 负责完成乘务长交办的其他服务工作。
(5) 负责实施本区域各类应急情况处置程序。

(三)两舱乘务员

(1) 要有较丰富的服务工作经验,能准确回答旅客提出的各种问题。
(2) 对头等舱旅客实行称呼姓氏的服务。
(3) 起飞前按检查单严格检查服务供应品,如餐具、食品、餐食配备情况。
(4) 供餐前要保证食品、餐具整洁,认真布置和摆放服务用品。
(5) 熟练掌握头等舱中、西餐的供应程序和服务技能。
(6) 细心观察旅客的需求,服务要做在旅客开口提出要求之前。
(7) 下机时安排头等舱旅客先下,便于地面优先接待。

(四)厨房乘务员

(1) 负责管理厨房内食品、供应品的配备、卫生等情况,确保餐食及其他食品的质量。
(2) 熟练掌握厨房设备的使用方法,负责厨房区域内安全设备的检查。
(3) 起飞、落地时按规定关闭厨房电源,放置好厨房用品。
(4) 做好餐饮服务的各项准备工作,按规定烘烤餐食,准备冷热饮。
(5) 确保厨房整洁,餐具干净无污物,各种物品摆放整齐美观。
(6) 与客舱乘务员配合做好客舱服务工作。
(7) 做好中途站交接工作,认真做好食品的回收、整理、清点、铅封工作。
(8) 检查水箱的水是否加满及马桶的废水储存情况。
(9) 负责完成乘务长交办的其他工作。

(五)客舱广播员

(1) 飞行前要熟悉和复诵广播词。
(2) 除完成本服务区域的服务工作外,同时担任客舱内广播,按公司规定适时向旅客进行中、外文广播。
(3) 正确使用广播设备。广播时,发音要准确、清晰,语调柔和、亲切,广播的速度、音量适中。
(4) 负责完成乘务长交办的其他工作。

(六)专职安全员

(1) 负责领取、携带空防器械,并做好交接工作。
(2) 负责国际(地区)航线护照(通行证)的领取与交接,核实乘务组人数、名单。
(3) 全程负责对外来物品和无证人员的监控及清舱工作。
(4) 全程监控旅客动态及驾驶舱门区域的安全问题。
(5) 紧急撤离时服从机长/乘务长的指挥。

■ 知识链接

A320机型各号位客舱乘务员职责

A320机型四人制飞行各号位客舱乘务员职责如表1-1所示。

表1-1 四人制飞行各号位客舱乘务员职责(经济舱/Y舱)

乘务员号位	职　责
乘务长 (PS1)	1. 管理职责 (1) 乘务组负责人,负责客舱乘务员工作的分配、监督和管理,检查客舱乘务员是否按照标准做好安全工作及服务工作,确保客舱安全和优质服务(客舱乘务长可根据航班实际运行情况,灵活分配各号位客舱乘务员服务职责); (2) 需了解旅客人数(特殊旅客名单及重要旅客名单)、签收餐食总数量(特殊餐食)、机供品、部分重要文件、机上销售商品等,并保证数量和质量,根据旅客人数和航班情况调整乘务员号位及工作职责; (3) 指定客舱乘务员实施机上活动等; (4) 负责组织和开展机上活动,并领取、交接相关物品等; (5) 负责与机组及相关单位的联络、协调工作; (6) 负责监督娱乐系统的正常使用; (7) 负责监控和调节客舱灯光、温度及客舱环境卫生; (8) 负责全程监控和确认全客舱滑梯的操作情况; (9) 负责安排客舱乘务员的轮休; (10) 负责过站期间监控全客舱的清舱工作。 2. 服务职责 (1) 负责检查客舱服务设备及清洁卫生的监控和签收工作; (2) 负责检查、操作L1舱门客舱乘务员控制面板(FAP); (3) 迎客; (4) 参与客舱服务工作; (5) 邀请重要旅客填写贵宾留言簿; (6) 负责收集意见及反馈意见; (7) 负责填写各类表格和报告,对航班服务进行记录和总结; (8) 送客。

续表

乘务员号位	职　　责
乘务长 (PS1)	3. 安全职责 (1) 负责检查并全程监控 L1 舱门区域； (2) 负责全客舱应急设备的监控； (3) 负责上机后检查客舱记录本； (4) 负责核对、保管、交接相关单据，包括舱单、货单、总申报单(国际航线)机组名单(国际航线)、旅客名单(国际航线)、海关关封(国际航线)等； (5) 负责机上人数核对，确认重要旅客登机，并报机长； (6) 负责下达操作滑梯的口令，并在 FAP 面板上确认各门区滑梯已操作完毕； (7) 负责 L1 舱门滑梯的检查操作和 R1 舱门滑梯的检查； (8) 负责全客舱的安全检查复检工作； (9) 负责在特殊情况下及紧急情况下的客舱广播、处置和总指挥； (10) 负责所管辖区域各类应急处置程序； (11) 负责迎客，同时对驾驶舱和前舱门区进行监控； (12) 负责地面延误及空中服务时，在客舱乘务员离开监控区域时接替其监控职责
见习乘务长 (SS2)	1. 管理职责 (1) 隶属于客舱乘务长管理，协助客舱乘务长开展后舱的管理工作； (2) 负责后舱工作的分配和乘务员的管理； ①见习乘务长应肩负起后舱各项工作的分配、监控和管理的责任； ②见习乘务长应监控后舱乘务员的工作状态、服务程序标准等项目是否符合要求，及时给予指导，视航班情况进行分工调整； (3) 服务间餐食、机供品的负责人； (4) 负责做好后舱与地面各项工作的交接； (5) 负责全程监控和确认后舱滑梯的操作情况； (6) 负责过站期间监控后舱的清舱和清洁卫生工作； (7) 负责监控后舱旅客的服务落实情况，对后舱区域旅客的安全和服务品质负直接管理责任； ①见习乘务长应肩负起掌控后舱各项服务工作的落实情况、所管辖区域安全和卫生情况的责任； ②见习乘务长应监控后舱旅客对服务品质的满意情况，能够第一时间发现问题并进行合理调整，有效地解决问题； (8) 见习乘务长应保持与客舱乘务长的沟通，合理分配后舱乘务员的各项工作，有效控制后舱服务节奏，监控后舱服务质量，对于客舱乘务员或者旅客提出的问题，需及时回复并解决； (9) 见习乘务长应发挥主人翁精神，大胆管理，勇于承担后舱管理者的角色和责任。积极履行后舱区域管理职责，监控后舱服务与安全工作，适时向客舱乘务长汇报后舱的工作情况。 2. 服务职责 (1) 检查客舱设备及清洁卫生，向客舱乘务长报告； (2) 负责全程监控落实后舱客舱设备的使用；

续表

乘务员号位	职　责
见习乘务长（SS2）	（3）负责落实各类餐食及机供品的检查、清点、准备工作； （4）迎客； （5）负责监督特殊旅客的服务工作及机上活动落实情况； （6）负责客舱服务及厨房工作； （7）负责机上商品整体销售、监控工作（包括签收、销售、回收及提成分配工作）； （8）负责后舱机供品的回收，填写回收单； （9）负责监督落实毛毯和枕头的回收数量，确保准确无误； （10）送客； （11）负责过站期间后舱服务间的清理和后续准备工作。 3. 安全职责 （1）负责检查并全程监控L2舱门区域； （2）负责L2舱门滑梯的检查和R2舱门滑梯的检查； （3）对所管辖区域内的应急设备负有监管责任； （4）负责复核机上旅客人数； （5）负责监督落实后舱服务间的安全检查工作； （6）协助客舱乘务长进行客舱安全检查的复检工作； （7）负责协助客舱乘务长组织实施特殊、紧急情况下后舱各类应急处置和指挥； （8）负责所管辖区域各类应急处置程序； （9）负责迎客时监控后舱门区； （10）负责地面延误时后舱厨房工作并监控后舱门区
3号乘务员（SS3）	1. 管理职责 （1）前舱厨房负责人； （2）负责对前舱厨房的管理工作。 2. 服务职责 （1）负责检查、清点、回收前舱的机供品、服务用品、餐食、清洁用品并向客舱乘务长报告； （2）负责前舱洗手间的卫生及卫生用品的摆放、添加及检查工作； （3）负责前舱报刊栏和杂志袋的整理和填补工作； （4）负责前舱毛毯和枕头的清点与整理、回收工作； （5）负责检查相关卡片（健康卡、出入卡、海关申报单等）是否在指定位置及它们的发放工作（适用于国际航线）； （6）负责前舱各类服务的准备工作； （7）负责客舱服务工作； （8）负责机组服务的准备和实施工作； （9）负责前舱厨房的清洁与整理工作； （10）负责前舱厨房的餐饮准备工作； （11）迎客； （12）负责紧急出口以前的特殊旅客的服务工作； （13）送客；

续表

乘务员号位	职　责
3号乘务员 （SS3）	（14）过站期间负责检查紧急出口以前前半舱的清舱和清洁卫生工作； （15）过站期间负责前舱服务间的清理和后续准备工作。 3．安全职责 （1）负责检查并全程监控R1舱门区域； （2）负责检查安全演示包物品是否齐全且在指定位置； （3）负责检查R1舱门区域的应急设备及紧急出口以前的应急设备并向客舱乘务长报告； （4）负责R1舱门滑梯的检查和L1舱门滑梯的检查； （5）安全演示站位于紧急出口第1排； （6）负责前舱洗手间的安全检查工作； （7）负责紧急出口以前的客舱安全检查工作； （8）负责起飞、下降阶段前服务间安全确认工作； （9）负责所管辖区域各类应急处置程序； （10）在客舱乘务长离开监控区域时接替其监控职责； （11）负责地面延误及空中服务时，前舱厨房工作并监控驾驶舱及前舱门区
4号乘务员 （SS4）	1．服务职责 （1）负责客舱毛毯和枕头数量的清点与整理、回收工作； （2）负责机上清洁用品的清点及后舱洗手间的卫生、卫生用品的摆放、添加及检查工作； （3）负责报纸的准备和冰块等物品的前后舱传递； （4）负责检查紧急出口及紧急出口后的客舱设备； （5）负责各种卡类的检查和发放； （6）负责后舱报刊栏的整理和摆放； （7）负责紧急出口以后特殊旅客的服务工作； （8）负责客舱服务工作； （9）配合做好机上销售的签收、销售、回收和提成分配； （10）负责国际航线喷药； （11）送客； （12）负责过站期间检查紧急出口后的客舱清舱及清洁卫生工作。 2．安全职责 （1）负责检查并全程监控R2舱门区域； （2）负责检查R2舱门应急设备、紧急出口及紧急出口后的应急设备并向见习乘务长报告； （3）负责R2舱门滑梯的检查和L2舱门滑梯的检查； （4）负责紧急出口的检查、介绍并全程监控工作； （5）负责后舱洗手间的安全检查工作； （6）安全演示站位于紧急出口第1排； （7）地面延误时，在见习乘务长离开监控区域时接替其监控职责

二、有关客舱乘务员的专业术语

（一）乘务人员部分专业术语

任务：所飞航班的计划。

签到：起飞前在规定的时间内，到航班调度部门，在乘务员所执行的航班登记表签名或者在电脑上确认。

准备会：飞行前按规定的时间参加由乘务长组织的航前乘务组会，主要内容是复习航线机型知识、分工、了解业务通知、制定服务方案和客舱安全紧急脱离预案。

机组会：在飞行前由机长召集，机组乘务员及带班乘务长参加的会议。主要内容是汇报各工种准备情况，听取机长的有关要求等。

供应品：为旅客和机组配备的、航班上所需的物品的总称。

回收：将飞机上剩余的供应品清点后放入规定的餐箱、餐车内，铅封好并填好回收单的工作过程。

操作滑梯分离器：将飞机客舱内紧急滑梯的手柄移到自动（预位）或人工（解除）位置的过程。

机上值班：长航线餐饮服务后，为保持乘务员的精力和体力而采取的轮换工作制度。

巡舱：乘务员在客舱走动，观察旅客的需求及安全状况，处理特殊情况，提供及时、周到的服务行为。

清舱：旅客登机前，安全员与乘务员检查飞机上所有部位，确保飞机上无外来人、外来物。

舱单：写有该航班旅客人数及客舱分布、托运行李和货物的重量及分布等内容的单子，通常由商务部门在飞机起飞前同业务袋一起送上飞机，需要机长签字。

核销单：飞机上免税品出售后填写的表格，用于海关核销进口免税品。

特殊餐：有特殊要求的餐食，如婴儿餐、犹太餐、清真餐、素食餐等。

预先准备：空中服务的四个过程之一，指执行任务前至登机阶段的各项准备工作。

直接准备：空中服务的四个过程之一，指乘务员登机后至旅客登机前的准备工作。

飞行实施：空中服务的四个过程之一，指旅客登机后至旅客下飞机过程中的工作。

航后讲评：空中服务的四个过程之一，指完成航班任务后的工作讲评。

航班：在规定的航线上，使用规定的机型，按规定的日期、时刻进行的运输飞行。

载重表：载重平衡表是航班载运旅客、行李、邮件、货物和集装设备重量的记录，它是运输服务部门和机组之间、航线各站之间交接载量的凭证，也是统计实际发运量的根据，它记载着飞机各种重量的数据。

载重平衡图：以空机重心指标作为计算的起点，以确定飞机的起飞重心位置，并根据飞机重心位置的要求，妥善安排旅客在飞机上的座位和各货舱的装载量的填制图。

随机业务文件袋：总申报单、旅客舱单、载重平衡图、货运单及邮件单等业务文件，客舱图、货舱图、油舱图等。

(二)乘务员专业英语代码及缩写

1 英文代码

头等舱,舱位代码为 F。
公务舱,舱位代码为 C。
经济舱,舱位代码为 Y。
有折扣的经济舱,舱位代码为 K。
乘务长,英文代码为 PS。
头等舱乘务员,英文代码为 FS。
公务舱乘务员,英文代码为 CS。
经济舱乘务员,英文代码为 SS。
旅客,英文代码为 PAX。
无人陪伴的儿童,英文代码为 UM。

2 缩写

CAAC：Civil Aviation Administration of China,中国民用航空局。
AOC：Airplane Operating Control,运行控制中心。
CCAR：Chinese Civil Aviation Regulations,中国民用航空规章。
CIQ：China Entry-exit Inspection and Quarantine,海关、移民局和检验检疫。
ATC：Air Traffic Controller,空中交通管制人员。
CLB：Cabin Log Book,客舱设备记录本。

三、有关客舱乘务员的国家职业技能标准

(一)职业标准

为规范从业者的从业行为,引导职业教育培训的方向,为职业技能鉴定提供依据,依据《中华人民共和国劳动法》,适应经济社会发展和科技进步的客观需要,立足培育工匠精神和精益求精的敬业风气,人力资源和社会保障部联合中国民用航空局组织有关专家,制定了《国家职业技能标准——民航乘务员(2019年版)》。

(二)职业概况

民航乘务员是从事民用航空器客舱安全管理和旅客服务工作的人员。本职业共设五个等级,分别为:五级/初级工、四级/中级工、三级/高级工、二级/技师、一级/高级技师。

民航乘务员职业能力特征是:具有较强的观察、分析、判断和表达能力;具有一定的方位感、空间感;知觉、嗅觉、听觉等感觉器官灵敏;四肢灵活,动作协调;身体健康;学历为高

中毕业(或同等学力)。

1 适用对象

从事或者准备从事本职业的人员。

2 申报条件

1) 五级/初级工民航乘务员(具备以下条件之一者)

(1) 从事本职业或相关职业工作1年(含)以上。

(2) 本职业学徒期满(是指取得"中国民用航空器客舱乘务员训练合格证")。

2) 四级/中级工民航乘务员(具备以下条件之一者)

(1) 取得本职业五级/初级工职业资格证书(技能等级证书)后,累计从事本职业工作4年(含)以上。

(2) 累计从事本职业工作6年(含)以上。

3) 三级/高级工民航乘务员(具备以下条件之一者)

(1) 取得本职业四级/中级工职业资格证书(技能等级证书)后,累计从事本职业工作5年(含)以上。

(2) 具有大专及以上本专业(空乘服务)或相关专业(航空服务)毕业证书,并取得本职业四级/中级工职业资格证书(技能等级证书)后,累计从事本职业工作2年(含)以上。

4) 二级/技师民航乘务员(具备以下条件者)

取得本职业三级/高级工技能职业资格证书(技能等级证书)后,累计从事本职业工作4年(含)以上。

5) 一级/高级技师民航乘务员(具备以下条件者)

取得本职业二级/技师职业资格证书(技能等级证书)后,累计从事本职业工作4年(含)以上。

3 鉴定方式

鉴定方式分为理论知识考试、技能考核和综合评审。理论知识考试以笔试、机考等方式为主,主要考核从业人员从事本职业应掌握的基本要求和相关知识要求;技能考核主要采用现场操作、模拟操作等方式进行,主要考核从业人员从事本职业应具备的技能水平;综合评审主要针对技师和高级技师,通常采取审阅申报材料、答辩等方式进行全面评议和审查。理论知识考试、技能考核和综合评审均实行百分制,成绩皆达60分(含)以上者为合格。

4 监考人员、考评人员与考生配比

理论知识考试中的监考人员与考生配比为1∶15,每个标准教室不少于2名监考人员。

服务操作技能考核中的考评人员与考生配比不低于1∶2,应急操作技能考核中的考评人员与考生配比不低于1∶3,且考评人员为3人(含)以上单数;综合评审委员为3人(含)以上单数。

5 鉴定时间

理论知识考试时间不少于90分钟。

技能考核时间:在乘务模拟舱实施考核不少于30分钟,在标准教室实施考核不少于90分钟;综合评审时间不少于30分钟。

6 鉴定场所设备

理论知识考试在标准教室进行;技能考核在经中国民用航空局批准的客舱模拟器和出口模拟器、客舱服务模拟舱或标准教室进行。

(三)基本要求

1 职业道德

(1)职业道德基本知识。

(2)职业守则:遵纪守法,诚实守信;爱岗敬业,忠于职守;保证安全,优质服务;钻研业务,提高技能;团结友爱,协作配合。

2 基础知识

(1)民用航空及主要航空公司概况:中国民用航空概况;中国主要航空公司(集团)概况;国际民航组织概况;国际航空运输概况;世界主要航空联盟和航空公司概况。

(2)航空知识:航空术语;飞行基础知识;航空气象基础知识;航空卫生基础知识。

(3)宗教常识:基督教基本知识;佛教基本知识;伊斯兰教基本知识;犹太教基本知识;印度教基本知识。

(4)各地礼俗:中国少数民族的风俗习惯;主要通航国家的风俗习惯;主要通航国家的饮食习惯;主要通航国家的国花、国鸟、国树等;主要通航国家的重要节日。

(5)礼仪知识:礼仪概述;职业仪容仪表要求;职业行为举止要求。

(6)民航服务心理常识:民航服务心理学概要;旅客心理需要与服务;民航乘务员心理素质的培养。

(7)机组资源管理常识:人为因素概述;机组资源管理概述;差错管理及预防对策。

(8)航空运输相关规定:《航班正常管理规定》《民用航空危险品运输管理规定》《中国民用航空旅客、行李国内运输规则》《中国民用航空旅客、行李国际运输规则》。

(9)民航乘务基本工作术语:民航乘务工作常用术语;乘务专业英文代码的含义;乘务专业常用词汇中英文对照。

(10)相关法律、法规知识:《中华人民共和国劳动法》相关知识;《中华人民共和国劳动合同法》相关知识;《中华人民共和国民用航空法》相关知识;《中华人民共和国民用航空安全保卫条例》相关知识;《大型飞机公共航空运输承运人运行合格审定规则》(CCAR-121-R5)相关规章。

四、客舱乘务员的职业形象

作为客舱乘务员,良好的仪容仪表,会令人产生良好的第一印象。它不仅仅代表了个人的形象,也反映了航空公司的形象,对航空公司具有积极的宣传作用。总体要求:端庄大方,亲切自然;妆容精致,微笑迎人;美丽夺目,浅笑盈盈;口气清新,自信专业;稳重干练,蓝天担当。

(一) 仪容规范

上岗前,女乘务员要化妆,确保妆容干净、清爽,保持面容及发髻规范。在休息室区域的盥洗室内完成补妆后,确认个人职业形象符合要求,方可进入客舱。男乘务员要求净面,剃净胡须、修剪鼻毛,不允许留小胡子和络腮胡,工作时不得带有浓烈的烟草味。

■ 知识链接

某航空公司乘务员发型要求

可为长发(盘发)和短发(可烫可直)两种发型。

女乘务员长发:长发必须盘起,只可用头花盘发(头花只可使用公司配发的头花)。要求头发整洁不毛躁;长发扎起的高度适中,发髻不得低于双耳上耳郭,不可过高或者过低,禁止在头顶垫任何物品及将头顶头发旋转达到增高效果。

女乘务员短发:直发的长度最短不得短于两寸(约 7 厘米),发尾最长不得超过衣领上限;烫发不得蓬乱,要求美观、自然、修饰得体,禁止爆炸式、板寸式等非常规发型,短发的鬓角不得超过耳垂的上部。

女乘务员刘海:可卷可直,但必须保持在眉毛上方。

男乘务员发型:要求轮廓分明,两侧鬓角不得长于耳郭中部,发尾最长不得超过衣领上限,前面发型必须保持在眉毛上方,不能遮住眼睛。

(二) 制服规范

(1) 冬春、夏秋制服应搭配穿着,不得混穿。

(2) 制服清洁、平整、挺括且线条笔直,确认无污渍、破损、脱线、缺扣等现象。女乘务员裙长保持在膝盖骨中心上 1~2 厘米的位置。男乘务员衬衣领口内衬需保持洁净、平整、挺括,衬衣尾摆不得外露,须扎入皮带内。

(3) 保持制服口袋平整、无凸起。应急撤离卡的放置务必便于拿取,个人用笔存放在制服口袋内时,须与口袋贴合,女乘务员的笔不得插放在腰间或腰封上。

(4) 鞋面上不得带有任何金属配饰,禁止着休闲鞋、大头鞋、尖头鞋等;鞋面应保持光亮、无破损,鞋跟完整,鞋码适宜。女乘务员保证厚、薄丝袜均无破损,飞行箱中应有备用丝袜。袜子颜色统一为纯黑色及深蓝色,穿着时应保持袜子完整、清洁、无破损。

(5) 穿着围裙时,应保持围裙干净、平整、无油渍、无褶皱。

(三) 其他基本职业形象准则

(1) 客舱乘务员在穿着制服时不得佩戴牙套。

（2）执行航班着制服时，颈部、手指、手腕及脚踝上不得佩戴项链/珠链、戒指、手镯、手链、脚链等饰品。

（3）注意个人卫生，手要保持清洁，早晚要刷牙，饭后要漱口，勤洗澡防汗臭，上班前不吃异味食品及不喝含酒精的饮料。

（4）注意休息好，睡眠充足，常做运动，保持良好的精神状态，不要上班时面带倦容。

五、客舱乘务员的职业素养

乘务员的言谈举止、服务态度是国内外旅客乘坐民航飞机的第一印象，在一定程度上体现了一个国家、一个民族、一个公司的精神，是航空公司服务水平的重要体现。

（一）职业素养的体现

1 敬业精神

敬业精神是职业素养的原动力，拥有敬业精神的人会始终热爱工作，并孜孜不倦地追求将工作做到最好。具有敬业精神的员工能够焕发出对工作的热情，能够激发出对知识的渴望，能够创造出无限的灵感，更能够迸发出心灵的火花。

2 合作态度

合作态度是职业素养的核心力，拥有积极正面的合作态度的员工会更加自信与乐于助人。员工是企业的细胞，每个细胞组成一个个企业的子系统，员工彼此只有高度融合，企业的各个系统才能正常运作。员工积极正面的合作态度会赢得团队的尊重，会带来阳光的心态，会获取重要的讯息，并实现自我的价值。

■ 知识链接

多方协同，助力患者及时就医

2021年1月12日20时20分，中国东方航空（以下简称东航）甘肃分公司ACC大厅生产指挥中心接到地服部报告，嘉峪关一名9岁儿童左脚一根脚趾断裂，需要乘坐MU9677（嘉峪关—兰州，计划起飞时间22:20）到兰州进行紧急手术。

生产指挥中心接到通知后立即报告总部、东航甘肃分公司值班领导、生产指挥长。生命高于一切，时间就是希望。东航甘肃分公司同意承运患者，生产指挥中心立即协调地服部、嘉峪关机场做好旅客乘机的保障工作，同时与患者家属取得联系。经了解患者预计22时前到达嘉峪关机场，生产指挥中心值班员将此情况告知嘉峪关机场管制部门和执飞机组、兰州空管、兰州机场指挥中心，为旅客开启绿色通道，全力保障该航班。在各方的积极配合下，航班于21:56提前关闭舱门，22:08提前12分钟起飞，23:15提前25分钟抵达兰州机场，在多方协同配合下为患者及时就医赢得了宝贵的时间。

此次多部门快速、有效的合作，体现了东航甘肃分公司生产指挥、执飞机组、现场保障人员出色的专业能力、责无旁贷的担当精神、充满爱心的团队合作。在冬去春来的日子里，他们传递着温暖。在保障航班安全运行的同时，全心全力守护着旅客每一次旅途的平安！

（二）职业素养的构成

职业素养由职业道德、职业意识（心理素质）、职业行为与职业技能（专业能力）四方面构成。职业道德、职业意识属于世界观、价值观、人生观范畴的产物，是职业素养中最重要的基础；职业行为、职业技能是通过学习培训、习惯养成、企业文化熏陶获得的产物，是职业素养的具体表现形式。

1 职业道德

由于职业特殊性，对于乘务员来说，爱岗敬业、奉献社会、遵纪守法、依法办事、实事求是、客观公正、搞好服务等，都是对乘务员职业道德的最根本的要求。

乘务员要具备良好的职业道德，热爱本职工作，全心全意为旅客服务、满足旅客的合理需要。乘务工作既是服务工作，更是安全工作，既关系航空公司服务水平的高低，更关系旅客的生命和国家的财产安全，责任重大，乘务员必须以高度的职业道德来认真对待每一个细节问题，可以说职业道德是一名优秀乘务员应该具备的最基本条件。

树立遵纪守法意识是乘务员职业纪律的基本要求。乘务员只有具有强烈的法律意识，才能保障旅客的生命财产安全，提高经济效益和社会效益。由于守法的自觉性建立在具有起码的道德基础之上，这就要求乘务员首先要培养和形成良好的道德风尚和道德修养，做到凡是法律法规所规定的，坚决予以维护；反之，必须令行禁止。例如，乘务员不仅要在飞机起飞前做好旅客的安全宣教工作，在飞机飞行过程中，更要随时注意保护旅客的人身安全。尤其是在危险的时候，要立场坚定、见义勇为、判断准确，组织旅客和犯罪分子作斗争。

2 心理素质

作为乘务员，在复杂的工作环境中，要圆满、出色地完成工作职责，没有优秀的心理素质是难以做到的。心理素质是非智力因素的心理状态，即起动力作用的人脑机能，是人们对自己的思想和言行带有指向支配或左右作用的动机、志趣、意志、气质、情绪及性格等的外在表现。

随着民航事业的快速发展、客舱服务要求的更多样化，客舱乘务员面临更多、更具体的岗位要求，这给客舱乘务员带来更多的工作压力来源。具有良好心理素质的客舱乘务员可以对情绪及压力的原因有更透彻的了解与掌握，可以从自身改变负面情绪控制的无力状态，以积极的态度对待工作，相信自己能够解决工作中的难题，并且能够对他人的情绪做到有效的接受和适当的引导。

乘务员只有拥有良好的心理素质，才能在各种环境中保持良好的心理状态，应对飞机飞行途中遇到的不同问题，服务不同类型的旅客。同时，在工作和生活中，乘务员受委屈时要自我消化，犯错误时要认真总结，查找自身缺点与不足，及时醒悟和修正，要时刻保持良好的心态，不要被情绪所左右，每一天都应以平和的心态从事自己的工作。乘务员应当在工作的过程中不断寻求自我完善和自我成长，包括形成正确的人生观、世界观、价值观，努

力调试好自己的情绪,做到对情绪的良好掌控,从而拥有良好的心理素质。

3 职业行为

乘务员在客舱中为旅客服务的各个环节,从在客舱迎接旅客登机、用语言或手势与旅客进行简短的沟通,到飞行途中为旅客发放餐食、饮料,再到为有需求的旅客或特殊旅客提供的个别服务或特殊服务,都有一整套的服务行为规范。遵守这一整套服务行为规范,是乘务员应当具备的基本职业素养。比如,乘务员与旅客交谈时是否保持精神饱满,表情是否自然大方、目光温和;乘务员是否能回答旅客提出的与航空有关的话题,如飞机的高度、航班飞过的航线地标,以及飞行中需要注意的问题;乘务员的是否语言表达准确、语意完整、语声轻柔、语调亲切、语速适中等。

4 专业能力

客舱乘务员的工作职责是保证客舱安全,提供优质服务。要做到这两点,乘务员就必须具备优秀的专业能力。

乘务员要掌握急救基本知识、逃生基本技能以及飞机上设备的正常操作知识等。在执行航班任务的过程中,登机时,客舱乘务员要引导旅客就座并核对旅客人数,为旅客发放报纸、杂志等;保持卫生间清洁;给旅客提供饮料和食品;在旅途中观察旅客动态和需要,主动了解情况,及时给予回应等。客舱乘务员要能够在飞机起飞、落地、颠簸及其他必要的情况下,按规定进行客舱安全检查,排除安全隐患;帮助旅客管理随身携带的物品,保证客舱行李放置的安全和应急通道的畅通;保证旅客的旅途舒适、安全;在旅客身体不适甚至失去自理能力的情况下提供必要的救护;面对突发疾病、急需医疗帮助的旅客,客舱乘务员要运用专业的医学急救知识对其进行救治;对不遵守规定或情绪失控的旅客采取必要的措施,维持秩序,保证客舱安全等。

任务小结

在激烈的航空市场竞争中,作为直接为旅客服务的乘务员,其良好的职业形象,对航空公司占领市场,赢得更多的回头客起着至关重要的作用。本任务主要通过对不同岗位客舱乘务员的职责,以及我国民航乘务员的职业标准、职业形象、职业素养等内容的阐述,使学生深入了解客舱乘务员这个职业。

思考题

1. 简述客舱乘务员的岗位职责。
2. 简述客舱乘务员的职业素养。

任务三 客舱管理

管理是指通过计划、组织、领导、控制及创新等手段,结合人力、物力、财力、信息等资源,以期高效地达到组织目标的过程。客舱管理涉及的内容多、范围大、要求高,乘务员要掌握客舱管理的定义和相关知识,对客舱中的冲突、差错和压力进行有效管理,提高运行品质。

具体来说,客舱管理是指客舱经理或乘务长为了保证航班安全正常运行和实现服务质量目标,而对乘务组、旅客以及各种资源实施的统筹管理,也包括乘务员在执行飞行任务过程中对客舱的人员、机舱、物料等的管理。

一、客舱服务管理

(一)客舱服务管理的现状和要求

现阶段,我国的航空服务还处于发展阶段,服务质量与其他国家的航空公司相比还存在一定的差距,因此要求服务人员和管理人员从实际工作和管理思路出发,改变现有的服务模式,加强航空服务意识、服务技能、服务语言的培养,以此推动我国航空服务质量的提高。

(二)客舱服务管理的原则

1 服务运作应贯彻"以顾客为中心"的原则

航空公司属于典型的服务行业,当今航空公司产品同质化现象严重,而且竞争激烈,因此航空公司应更加注重优化自身服务,运作应贯彻"以顾客为中心"。以客为尊的服务理念和优质客舱服务能够帮助航空公司吸引更多的客户,为航空公司获得较大的利益,提高航空公司的核心竞争力。

2 服务运作应贯彻高效优质的原则

乘务员要爱岗敬业,敢于担当,不断提高技能水平,增强服务意识,不拖拉、不怠慢也是必须要做到的。乘务员还应大力发扬苦干、实干和快干作风,以较真促认真、以碰硬求过硬,高标准、高质量、高效率地推进各项工作。

3 认真贯彻适时服务、用心服务的原则

乘务员应该贯彻适时服务、用心服务理念,将用心服务渗透到服务流程的每一个环节上,使旅客在飞行途中感受到无微不至的关怀,甚至有时还会获得意外的惊喜。关怀和惊喜都会让旅客对空中服务留下深刻的印象,为航空公司树立起良好的口碑。适时服务、用心服务是提升客舱服务品质的重要手段。

4 确保服务质量指标的实现

服务创新和质量领先已成为当今企业赢得客户的重要手段,客户对服务质量不满意就会流失,流失客户就是为竞争对手增加力量。据统计,一位不满意的客户平均会将他的不满意告诉8~10人,从而影响企业形象,使潜在客户大大减少。客舱服务工作中,乘务员应紧紧围绕各项工作任务,细化举措、强化服务,提升服务水平,以确保服务质量指标的实现,甚至超出预期。

二、客舱资源管理

客舱资源管理又称为机组资源管理,是指运用所有可用资源以达成安全而有效率的飞行运作。

人为因素是指与人有关的任何因素。人为因素包括工作和生活中的人,以及人与人、人与机器、人与环境的关系。人为因素是航空系统中最灵活、最能适应和最有价值的部分,要注意控制差错、违规、冲突、压力以及情景意识对自身的影响,使自身的服务状态达到最佳。

(一)差错

差错是指一种人为失误,这种失误是对原本意愿的偏离,大多数由于注意力分配不当或技能不熟练造成。

(二)违规

违规是指一种人为失误,这种失误是对标准或者程序的理解错误导致的,大多数是由于不按章执行、不规范操作造成。

(三)冲突

冲突是指发生在同一空间的两个或两个以上相互对立的需要同时存在而又处于矛盾中的心理状态。冲突分为两种:一种是意识的,另一种是物质的。意识以认识为基础,所以是无形的,物质的冲突是可见的、有形的。

(四)压力

压力指心理压力源和心理压力共同作用构成的一种认知和行为体验过程,有"紧张、压力、强调"等意思,压力会影响人们的身心健康,这一点早已被公认。

(五) 情景意识

情景意识是对一定时间及空间环境内各要素的理解,以及对其含义的领悟和对将来状态的预测。

三、客舱乘务管理

(一) 预先准备

预先准备阶段分为两个部分:第一个部分为网上预先准备,指的是乘务员充分利用网络技术,通过公司网上准备系统,在航班起飞前48小时至起飞前12小时内完成航班任务确认、航班信息确认以及业务学习,并通过航前准备考核;第二个部分为航前准备会,从航班执勤签到开始到乘务组上飞机前的这个过程,包括航班执勤签到、航前准备会、机组协同等。

(二) 直接准备

直接准备阶段指的是在预先准备阶段的基础上,从乘务组上飞机开始,到飞机滑出停机位的这个过程,包括放置个人物品、客舱应急设备检查、客舱清舱检查、客舱卫生检查、服务设备及用品的检查与摆放、机供品的清点及摆放、旅客登机等。

(三) 飞行实施

飞行实施指的是飞机开始滑行直至飞机落地旅客下完飞机的这个过程,包括飞机离地前的客舱安全检查、安全演示,以及飞机平飞后的客舱饮料服务、餐食服务、垃圾回收,还有飞机落地后的送客服务。

(四) 航后讲评

航后讲评阶段指的是乘务组下飞机回到公司基地的这个过程,乘务长会对当天的航班执勤过程中的优缺点进行点评,还要在当天航班的乘务日志中表现出来。

任务小结

良好的客舱服务管理能够保证航空的安全,提升航班的服务质量。乘务员要掌握解决冲突和减轻航班压力的技巧,减少差错的产生。

思考题

1. 简述客舱服务管理的定义。
2. 简述客舱服务管理的原则。

项目总结

　　客舱管理是一门综合的课程，涵盖的内容较广泛。从 20 世纪 90 年代开始，航空界开始研究飞行机组人员的资源管理，之后又发展到对客舱乘务员、旅客以及他们之间相关性的研究。有效的客舱管理能够确保航班安全、实现优质服务，提高运行效率。

项目二　预先准备阶段

项目目标

本项目旨在使学生学习和练习达到预先准备阶段环节中乘务员职业知识学习目标及相关职业能力表现目标，以乘务工作为主，结合飞行基本常识、飞机客舱布局及客舱服务工作程序等内容，设计情景、安排学习任务等，充分发挥学生的主体作用，强调学生的自我技能实践，能够按照礼仪要求进行服务操作，完成服务任务。

知识目标

1. 了解航前个人准备和集体准备的内容；
2. 了解航线地标旅客信息查询；
3. 了解执行航班时应携带的物品；
4. 了解航前准备会流程及要点；
5. 了解机组协同内容。

素质（思政）目标

1. 培养学生以知促行、以行求知，实现学生对专业知识与价值引领的知行合一；
2. 培养学生具有严谨科学的专业精神；
3. 培养学生树立正确的职业价值观，热爱乘务员工作。

知识框架

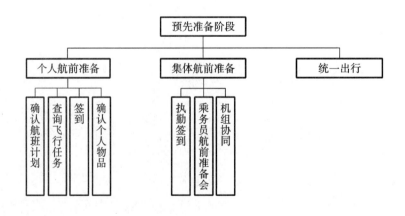

 **项目引入**

客舱服务工作分为四个阶段,分别为预先准备阶段、直接准备阶段、飞行实施阶段和航后讲评阶段。这四个阶段贯穿服务始末,缺一不可。客舱服务预先准备阶段为乘务准备工作的四个阶段的起始阶段,是指从乘务员接受航班任务进行系列准备直至登机前的过程,是至关重要的一步。乘务员需按照航空公司的要求进行航前的各项准备工作,充分的预先准备是保障后续航班飞行的关键。

 任务一 个人航前准备

乘务员接收到航班任务后,需要了解将要执行航班的任务内容及时间。通常来说,航空公司一般会在一周或者两周前在公司内网发布具体的航班计划,且乘务员每天需要对自己的航班计划进行再次确认,查看航班任务书,及时从网上了解航班情况及所飞的航班信息等内容。

一、确认航班计划

周航班计划由乘务调度中心——乘务计划室于固定时间在各发布点及公司内网发布,乘务员应自觉确认本周航班。

日航班计划由乘务调度中心——乘务调度室于每日固定时间在各发布点及公司内网发布,乘务员应自觉确认次日航班。次日备份人员必须于每天固定时间前主动向乘务调度室确认次日的飞行任务。

二、查询飞行任务

(一) 航班信息

航班信息包括:航班日期、航班号、飞行距离、飞行时间、巡航高度、机场名称,以及机场距市区距离、机长姓名、起落时间、配餐标准、票价、机组乘车时间等。

(二) 飞机信息

飞机信息包括:机型、机号、服务设备信息、紧急设备信息、故障保留信息等(见图2-1)。

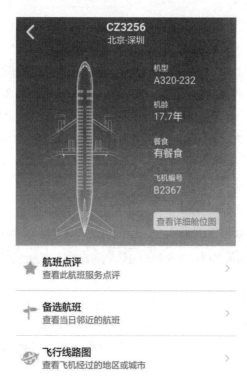

图 2-1 飞机信息

(三) 服务信息

服务信息包括：机组名单任务书、配餐机场、机场代码、查询旅客信息网、VIP 信息、特殊旅客的服务要求、最新业务通告、工作提示等。

■ 知识链接

乘务员查询航班准备内容

航班号：HU7181/HU7182　　机长：梁某某

机型：B737-800（头等舱）　飞机号：B5530　座位：F8/Y156

航线地标：见表 2-1

表 2-1 航线地标

航　段	高度	距离	时间	到达机场（三字代码）	距市区距离
琼、京	9600 米	2680 千米	3:30	北京首都国际机场（PEK）	30 千米
京、琼	10200 米	2900 千米	3:40	海口美兰国际机场（HAK）	25 千米

起降时间及配餐：

海口—北京　08:30—12:00　早餐

北京—海口　13:00—16:40　正餐

票价:F 舱¥12960　Y 舱¥2880
紧急设备分布:见图 2-2、图 2-3
1AC 行李架:1 个海伦灭火瓶,1 个 PBE(防护式呼吸装置),1 个扩音器
1HK 行李架:1 副防护手套,1 个应急医疗箱,2 个卫生防疫包,3 个安全演示包,4 条加长安全带,8 条婴儿安全带
2AC 行李架:1 个应急医疗箱,2 个手提氧气瓶,2 个一次性氧气面罩
L1 舱门:2 个手电筒
R1 舱门:6 件备用救生衣
40HJK 行李架:1 个发报机
56ABC 后壁板:2 个手提氧气瓶,2 个一次性氧气面罩
55HJK 行李架:1 个应急医疗箱,1 个手提氧气瓶,1 个一次性氧气面罩
56HJK 行李架:2 个 PBE(防护式呼吸装置),1 个水灭火瓶,1 个海伦灭火瓶,1 个卫生防疫包
56HJK 后壁板:1 个扩音器,1 个应急医疗箱

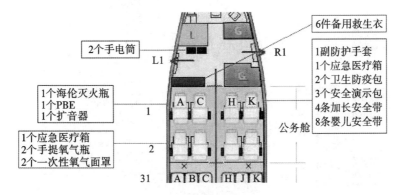

图 2-2　紧急设备分布(一)

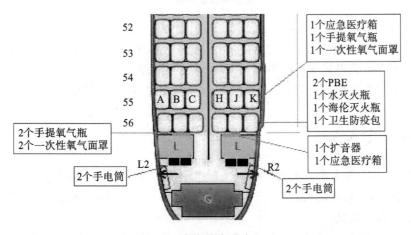

图 2-3　紧急设备分布(二)

旅客信息:
第一段:F6　姓名:×××
Y142 金卡旅客 3:×××

银卡旅客 1：×××
VIP、儿童、老人、特殊旅客：UM、BLND
特殊餐食：VGML、MOML
第二段：×××

三、签到

客舱乘务员向带班客舱乘务长签到,以短信形式,见图 2-4,内容包括但不限于:姓名、飞行时间、胜任号位、口语成绩、广播词成绩、机长姓名、起飞时间、发车时间、准备会时间、12 小时内无饮酒、相关应急知识及业务通告已复习、网上准备是否合格、确认着装标准及客舱乘务长有无其他要求等。

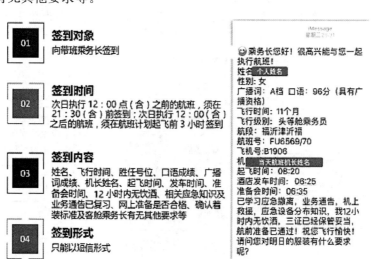

01 签到对象
向带班乘务长签到

02 签到时间
次日执行 12：00（含）之前的航班,须在 21：30（含）前签到;次日执行 12：00（含）之后的航班,须在航班计划起飞前 3 小时签到

03 签到内容
姓名、飞行时间、胜任号位、口语成绩、广播词成绩、机长姓名、起飞时间、发车时间、准备会时间、12 小时内无饮酒、相关应急知识及业务通告已复习、网上准备是否合格、确认着装标准及客舱乘务长有无其他要求等

04 签到形式
只能以短信形式

图 2-4　签到信息

次日执行 12：00（含）之前起飞航班的乘务员须在执勤前一天 21：30（含）以前向带班客舱经理或乘务长签到（短信、电话均可）。当日航班落地晚于 21：30 的,须在落地后第一时间向次日带班客舱经理或乘务长签到,并注明晚签到原因;次日执行 12：00（含）之后起飞航班的乘务员须在进场签到前 3 小时向带班客舱经理或乘务长签到。

四、确认个人物品

在飞行前,作为乘务员需要再次确认飞行携带装具,按照航空公司规定做好着装规范、仪容仪表的准备,并且提前检查飞行包,确定应携带的证件资料等,见图 2-5,以免造成因证件不全造成的突发状况。

客舱乘务员:中国民航空勤登机证、客舱乘务员训练合格证、航空人员Ⅳa 级体检合格证、客舱乘务员手册。

安全员:中国民航空勤登机证、航空安全员执照、航空人员Ⅳa 级或Ⅳb 级体检合格证、警具包,以及航空安全员手册、航空安全员执勤日志、航空安全员执勤检查单、证人亲笔证词、航空器安保搜查单、航班机组报警单、移交证据清单。

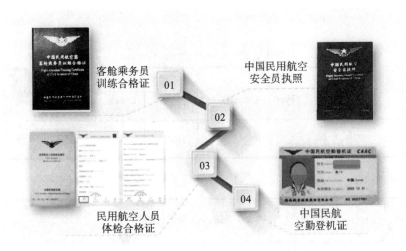

图 2-5 飞行证件及资料

注意:除一般的飞行证件及资料外,如执行我国港澳台地区航班,还要携带相应的往来港澳通行证、黄皮书,以及大陆居民往来台湾通行证和入台证,且所有携带的证件必须在有效限期内。如执行国际航班,还要携带相应护照、黄皮书等。

■ 知识链接

1. 服务机型签注检查

当班乘务长需查看整组人员训练合格证,服务机型页和训练记录页是否有签注当天执行航班的机型。

检查"培训日期"是否在 12 个日历月有效期内,最长可延长至 13 个日历月。

例:张三,2020/01/17 获取 B737-800 机型,其到期日为 2021/01/17,最长可延长至 2021/02/28(截止到当月底)(见图 2-6)。

训练记录页 (Training Record Pages)				
训练日期 (Date of Training)	机型 (Type of Aircraft)	训练类别 (Snbject of Training)	客舱乘务 检查员签字 (Check-Attendant Signature)	备注 (Remark)
2019/12/10		NT	马珂	
2020/01/17	B737-800	IT	张三	

图 2-6 训练记录页(一)

1)危险品(DGTT)

危险品(DGTT)有效日期为 24 个日历月。

例:上一次 DGTT 日期为 2019/09/02,即到期日为 2021/09/02(截止到当月当日)(见图 2-7)。

训练记录页 (Training Record Pages)

训练日期 (Date of Training)	机型 (Type of Aircraft)	训练类别 (Snbject of Training)	客舱乘务检查员签字 (Check-Attendant Signature)	备注 (Remark)
2019/09/02		DGTT		CR训练开发中心

图 2-7　训练记录页(二)

2）差异训练(DT)/转机型(TT)

有差异训练(DT)签注后,次年的复训机型签注里需包含此机型。

注意：需要有 DT 相关机型签注后,才可执行此类衍生机型航班。

转机型(TT)有效日期为 12 个日历月,转机型检查合格后,检查员须在被检查人员的训练记录页空白第一栏中签注日期,并在同一栏上签注××机型、训练类别及姓名。

注意：航前检查时,需核实转机型签注记录与"机型数量评审记录页"机型是否相符。

3）定期复训(RT)

如训练页上（备注栏）有签注"到期日"的情况,以"到期日"为基准,后推 1 个月,可视为在复训有效期内。

例：上一次 RT 日期为 2019/06/30,备注栏"到期日"签注为 2020/07,则可飞行至 2020/08/31（截止到当月底）(见图 2-8)。

训练记录页 (Training Record Pages)

训练日期 (Date of Training)	机型 (Type of Aircraft)	训练类别 (Snbject of Training)	客舱乘务检查员签字 (Check-Attendant Signature)	备注 (Remark)
2019/06/30	B737-700/B737-800	RT	黄蓉	训练日 2020/07
2019/06/30	B737-8	RT	黄蓉	训练日 2020/07
2019/06/30	A330-200/A330-300	RT	黄蓉	训练日 2020/07
2019/06/30	B787-8/B787-9	RT	黄蓉	训练日 2020/07

图 2-8　训练记录页(三)

如训练页上（备注栏）无签注"到期日"的情况,则需根据训练页上记录的上一年的"复训日期"为基准,后推 1 个月,可视为在复训有效期内。

例：上一次 RT 日期为 2019/04/24,那么"到期日"为 2020/05/31（截止到当月底）。

2. 装具

乘务员应携带的物品包括：笔、便签本、广播词、乘务员手册、休息卡、计数器（见习客舱乘务长以上资格人员需携带）、手表（按照标准佩戴）；制服根据航前签到乘务长回复内容穿着，整组统一且检查是否干净、熨烫整洁，皮鞋（高跟鞋及软底鞋）是否擦亮；戴隐形眼镜飞行者携带框架眼镜和备份隐形眼镜；围裙、备份丝袜、姓名牌、胸徽、化妆品等物品（见图2-9）。

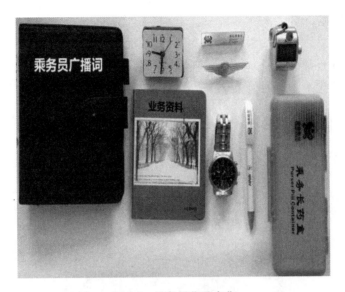

图2-9　乘务员物品合集

乘务长应携带的物品包括：除乘务员需携带的装具外，还应携带乘务员广播词；乘务长包及包内物品；计数器、乘务长药盒；重大事件报告单；执行航班时携带10份知情同意书和2份紧急医学事件报告单作为备份。

安全员应携带的物品包括：专职安全员携带警具包；兼职安全员除乘务岗位所需携带的物品外，还应按规定携带警具包。

任务小结

乘务员接收到航班任务后，需要了解将要执行航班的任务内容及时间，以便进行个人航前准备。个人航前准备工作主要包括确认航班计划、查询飞行任务、签到、确认个人物品等。

思考题

1. 个人航前准备工作主要包括哪些工作？
2. 应怎样确认航班信息？
3. 签到一般采取哪种形式？其内容包括什么？

任务二 集体航前准备

一、执勤签到

乘务组人员应在规定的时间到客舱部签到,进行酒精测试保障飞行前 12 小时未饮酒,且客舱乘务长按规定准备时间检查每位客舱乘务员(安全员)是否准时到达准备室并刷卡签到(见图 2-10)。

图 2-10 刷卡签到处

乘务长应领取各类物品,以及飞行任务书;领取乘务长包,检查、核对包内资料和物品是否齐全;如执行国际航班任务,还需领取乘务组护照、携带黄皮书等。安排乘务员以组为单位规范将飞行箱统一摆放整齐;核对人员,如有未到人员乘务长应第一时间通知乘务调度席。乘务员在航前准备会之前,要认真学习最新的业务通告、文件通知,并对准备会的程序及内容进行提前复习。

■ **知识链接**

乘务组执行国内航班起飞前 105 分钟,执行国际航班起飞前 125 分钟抵达乘务值班室进行航前签到。

客舱乘务长召集乘务组成员及安全员在乘务准备室进行航前准备会;准备会时间为 25 分钟;客舱乘务长带领乘务组乘员及安全员到飞行准备室与机长进行机组协同,时间为 5 分钟;于航班起飞前 75 钟发车前往机场,并于航班起飞前 60 分钟抵达停机坪。

原则上乘务员登机时间不得晚于航班起飞前 50 分钟(含国内、国际航班)。如属过站接机,乘务组则应在飞机抵达之时,到达停机位等候。如遇飞机晚到时,则应在飞机预计落地前 30 分钟乘坐机组车,其他特殊情况则应以车队调度席发布的发车时间为准。

二、乘务员航前准备会

(一)航前准备会流程

在每一次飞行前,乘务长必须组织乘务员召开航前准备会(见图 2-11),并将有关信息传达给所有的乘务员。

图 2-11 乘务组召开航前准备会

1 证件专业化形象等物品检查

当班乘务长应检查客舱乘务员的仪表仪容专业化形象,如发型、头饰、妆容、制服、皮鞋、指甲、饰物、围裙、手表等是否符合规定,并对所需的业务资料、姓名牌等物品进行检查。还应检查中国民航空勤登机证、客舱乘务员训练合格证、航空人员体检合格证、航空安全员执照等证件。

注意:如体检合格证有矫正视力的乘务员,需要检查其佩戴隐形眼镜情况和备份的隐形眼镜,以及框架眼镜是否符合要求。

2 号位分工

进行航线介绍后,客舱乘务长按照乘务员的资格及飞行年限,合理安排岗位分工,分好号位,并根据航线特点安排具体工作。

乘务员分工要综合考虑全组乘务员状况,尽量做到力量强弱搭配。应挑选有上岗证书并为本组广播最好的乘务员作为广播员。头等舱、公务舱乘务员要确保经过岗位培训,能胜任头等舱、公务舱工作者。厨房乘务员一般以男性为主,客舱乘务员一般以女性为主。遇有无成人陪伴的儿童,应指定一名乘务员进行负责。

3 业务知识抽查提问

客舱乘务长以提问形式抽查乘务员,针对航班相关信息、旅客服务信息、飞机信息、特情处置及特殊餐食旅客服务要求等,了解组员的个人准备情况。如若执行国际航班任务,还需要了解当地国际的海关规定,以及出入境卡的填写要求。

4 航班服务及安全要求

乘务长根据航线特点提出要求,长短航线及夜航日航区别,包括服务和安全要求。后舱见习乘务长补充对经济舱乘务员管理要求和分工要求。安全员带领乘务组,学习近期安全要求和特情处置预案。

5 准备紧急撤离预案

乘务组共同复习紧急情况下的撤离职责及程序。
(1) 抽查所飞飞机的紧急设备的分布情况及如何正确使用。
(2) 复习延伸跨水飞行时,救生衣、救生船的相关知识。
(3) 复习无准备、有准备两种情况紧急撤离预案,抽查紧急撤离方面的基本知识。
(4) 复习特殊情况准备预案。

6 制定空中安全防卫预案(见图 2-12)

客舱经理或乘务长了解安全员在客舱的座位并对安全员提出要求。
(1) 讲解空中安全员反劫机、不明爆炸物、非法干扰的处置程序。
(2) 客舱经理或乘务长对安全员提出要求:机组联络、协调方式并前后舱统一;过站监控;了解有无特殊旅客,如押解犯人等。

图 2-12　制定空中安全防卫预案

（二）乘务长管理原则

乘务长要能够以身作则，要求组员做到的自己首先要做到，要精通业务，熟练掌握服务技能；对待组员要公平公正、一视同仁；关心组员的工作、学习、身体健康及生活；坚持原则，严格要求，严格管理；充分信任、尊重组员，提高组员的自信心和责任意识。

乘务长要对整组准备情况进行监控，发现组员准备不合格者，有责任通知乘务值班员填写地面抽查单，并有权利向乘务值班申请换人。且乘务值班员、检查员将随时抽查各组乘务员的航前准备情况，对于违反相关规定者，记录在地面抽查单上。

注意：执行支线航班任务的乘务员须自行进行航前准备程序。

■ 知识链接

1. 乘务员准备会的相关规定

在不召开航前准备会的情况下，乘务组必须按签到时间到指定地点签到，签到后即视为该乘务组处于待命状态；客舱乘务长必须通过其他方式，如提前召集客舱乘务员、利用进场乘车等，完成必要的航前准备内容。

对航前准备会的规定，原则上所有航班都必须按规定签到并立即召开航前准备会，除下列两种情况可以不召开航前准备会：一是不更换乘务组成员和飞机，且过站时间≤4小时；二是无固定场地召开航前准备会。

2. 乘务员准备会的要求

在每一次飞行前，乘务长必须组织乘务员准备会（见图2-13），必须将有关信息传达给所有的乘务员。

图2-13 召开乘务员准备会

（1）将本次航班的有关信息通报给乘务员，如航班号、机型、飞机号、机长姓名、航线、起飞和到达时刻、餐饮配备、特殊旅客等；合理化乘务员分工；确保每一位乘务员都携带现行有效的飞行乘务员手册和有关证件资料。

（2）有关安全的问题，如设备检查、机组行李的储藏、出口的操作、全体呼叫、安全演示、乘务员号位的分布等。

（3）有关服务的问题，如飞行时间、服务程序和工作分配等；乘务员形象、纪律等问题和各项规定。

三、机组协同

根据机组乘务组航前协同单,乘务长、安全员在飞机起飞前要按规定时间与机组进行协调。如出现机组连飞,乘务长、安全员应按照规定上飞机之后与机组进行协调。乘务组依照排列次序,按规定进行安检,准时登机,进行客舱紧急设备检查和做好准备阶段的工作。

在旅客登机前,机长与乘务组必须进行协作准备会。机长应把相关的信息传达给所有乘务员。

(一)机组协同的内容

1 机组成员介绍

如若机组成员有更换,要及时进行有效证件检查确认及任务书确认;了解更换人员(机组人员、运行和安全检查人员)相关情况。

2 空防(反劫机、炸机等)预案准备

为了正确、迅速和有效处置劫持民用航空器事件,维护国家整体利益和安全,最大限度地保证旅客、机组人员和民用航空器的安全,应严格遵照以下反劫机处置的原则。

(1) 安全第一:处置决策以最大限度地保证国家安全、人机安全为最高原则,必要时,可以以较小的代价避免重大的损失发生。

(2) 统一指挥:事件处置由国家处置劫机事件领导小组决策,统一指挥。

(3) 适时果断处置:抓住时机,果断决策,力争在最短时间内解决,将危害与损失降至最低。

(4) 力争在地面处置:空中发生的重大劫机事件,应力争使航空器降落地面,进行处置。

(5) 力争境内处置:境内发生的重大劫机事件,应尽量避免在境外处置。

(6) 机长有最后处置权:在情况紧急,直接危及人机安全时,机长对航空器的操纵和机上人员的行动有最后决定权。

(7) 应当采取一切可行的措施,确保将航空器扣留在地面,除非为保护机上人员生命安全而必须起飞。

反劫机、炸机处置具体措施如下。

(1) 机组人员应设法保护好驾驶舱,严防劫机者进入,如果劫机者进入驾驶舱,机组在座人员要坚守岗位,在处置过程中要保留两人以上操纵飞机。

(2) 当飞机发生劫机事件后,机长应操纵飞机尽快下降到安全高度,并进行缓慢释压(判明有爆炸物情况下)。

(3) 开启禁止吸烟、系好安全带信号灯,关闭不必要的电器设备。

(4) 根据情况降低客舱温度,以减少溢漏液体(危险品或爆炸物)的挥发。

(5) 客舱乘务员应继续做好对旅客的服务(包括餐食的供应),以稳定旅客情绪,但必须中断酒类或含酒精饮料的供应。

(6) 空中保卫人员尽量不要过早暴露自己,以旅客身份劝说开导为主,稳定劫机歹徒的情绪,趁机制服劫机歹徒。

(7) 机组人员要加强对客舱的监视,注意发现其他旅客的可疑迹象或劫机者的同伙。

(8) 发生劫机后,一般情况下不要通知机上旅客,以免引起机上旅客的恐慌或混乱。

(9) 任何情况下,要保护好驾驶舱不被劫机者闯入或侵害。

(10) 机组人员在飞行中采取或实施反劫机行动时,必须得到机长的同意或认可。

(11) 如情况紧急,来不及报告,且确有把握制服劫机者,机组人员在保证人机安全的条件下,可以采取果断措施,制服劫机者。

3 与机组进行详细协调

与机组进行紧急、正常情况的联络暗号,进出驾驶舱方式、餐饮服务,紧急情况下的分工及配合(中断起飞、紧急撤离或一发失效)、撤离方式、方案等的协调。

4 航线情况通报

(1) 客舱经理或乘务长必须协调并确定飞行机组在飞机下降至10000英尺(约3048米)高度时所给出的信号。

(2) 预计飞行时间和高度、天气状况(雷雨)和天气预报对航路飞行的影响;预计可能发生的情况,如延误、不正常运行、返航备降等分工发生后的处置程序及交流方式。

(3) 飞行适航状况和飞行检查情况;飞行时间及地面滑行时间介绍、长短距离滑行道对客舱服务的影响。

(4) 及时向组员传达信息后制定预案,最终确保每位组员在了解航路信息的基础上,能够熟悉特情预案的操作程序和细则。

5 乘务员需向机组报告

乘务员需要向机组报告乘务组关于客舱检查旅客服务设备的完好情况,是否有严重影响飞行安全和旅客舒适的设备故障;特殊旅客及重要旅客情况;安全保卫人员向机长报告客舱和货舱清舱检查情况等。

(二) 机组协同的注意事项

(1) 在进行航前协同的时候,客舱乘务长需要与机组协调平飞后安全带信号灯熄灭时间,服务程序的开展时间,以当日与机组协同内容为准。

(2) 所有组员必须明确了解机组协同内容和注意事项,对共同安全完成任务提出具体要求。

(3) 机长应及时向主任乘务长或乘务长通告在协作后发生的任何运行信息变化。机长在进行客舱协作时,应了解客舱乘务组的具体反馈意见,检查和询问客舱准备情况。

(4) 航前协同内容必须记住,不可随意说出联络暗号,与机组沟通必须按照联络暗号进行。

（三）机组协同的意义

机组协同实际就是当班乘务组与机组在正式飞行前的碰头会议，协同会议的存在使得航班运行过程中机组成员的工作积极性及配合度更高，对于客舱服务保障更周到，对于航班安全保障更加完善。

任务小结

集体航前准备时，乘务组成员应在规定的时间到客舱部签到。在每一次飞行前，乘务长必须组织乘务员开展航前准备会，并将有关信息传达给所有的乘务员。根据机组乘务组航前协同单，乘务长、安全员还应在飞机起飞前按规定时间与机组进行协调。

思考题

1. 集体航前准备中，乘务长应领取哪些物品？
2. 简述准备紧急撤离预案。
3. 机组协同的内容是什么？

任务三　统一出行

客舱乘务长作为乘务组进场时的监控人，对整个乘务组在进场时的秩序和专业化形象负有监督管理责任。

乘务组在进场、退场期间需要保证服装统一且按规定进行着装。客舱乘务员需要在客舱乘务长的带领下，排队上机、下机，男客舱乘务员和安全员排在最后。客舱乘务员统一为一侧提拿（拖拉）飞行箱（拉杆箱），一侧挎飞行挎包。如携带过夜包，应做到全组统一，可采取将过夜袋放在飞行箱上面拖拉或者左手提拿过夜包方式携带。客舱乘务员上下楼梯时，应将飞行箱拉杆收回后拎着箱子。

在任何时候，客舱乘务员都必须注意整组的形象及专业化形象。乘务组在候机楼等待期间，也要注意专业化形象，禁止使用手机。

■ 知识链接

若遇到飞行机组连飞，乘务组与安全员自行进场，或某个客舱乘务员单独进场，客舱乘务长或客舱乘务员需清点组员是否到齐，检查其相关证件及飞行用具是否在指定位置，进场时间不得晚于60分钟抵达停机位的最低限。

如遇过站或飞机晚到，乘务组不晚于飞机预计到港时间到达机位。

若乘务组执行早班+晚班，在早班和晚班的乘务组成员和执飞机型都不变的情况下，乘务组无须再次召开准备会,但在执行早班的航前准备会上,客舱乘务长应将晚班的注意事项一并说明。若更换安全员,客舱乘务长应让安全员将反劫机、反炸机等安全预案进行再次讲解和分工安排,并与机组再次进行协同。

任务小结

客舱乘务长作为乘务组进场时的监控人,对整个乘务组在进场时的秩序和专业化形象负有监督管理责任。航班全体工作人员要在航前将一切准备妥当,以便飞机能够正常起飞、安全到达。

思考题

1. 客舱乘务员为什么要注意整组形象?
2. 统一出行应注意什么?

项目总结

预先准备阶段的个人准备、集体准备是为保障航班正常飞行及服务质量和安全飞行打好基础。乘务员的个人准备应按照要求逐项落实完成,还要复习业务知识及熟悉所执行的航班资料;乘务组的集体准备应按照乘务长的要求、航线特点及各号位职责分工配合,做好前期安排;与机组之间的协同,应根据实时安全要求完成预先对接,为后期执行航班做好铺垫。

项目实训

情景模拟要求:

每6人为一组,其中1人扮演乘务长,其余5人扮演乘务员,组织召开航前准备会,航线自拟。

实施步骤:

步骤一:乘务长做自我介绍,乘务员相互介绍认识。

步骤二:乘务长向乘务员介绍航班基本信息,提出执行航班的任务要求。

步骤三:乘务长检查乘务员的仪容仪表和个人物品准备情况。

步骤四:乘务长通过提问,检查乘务员对此航线知识的掌握情况。

步骤五:乘务长对乘务员进行岗位分工,明确各号位任务。

步骤六:乘务长通过提问,检查乘务员对应急设备分布、使用及应急处置程序等准备情况。

步骤七:乘务长提出航线安全服务要求。

步骤八:乘务组复习撤离程序。

项目三　　　　直接准备阶段

项目目标

本项目旨在使学生达到直接准备阶段客舱服务环节中乘务员职业知识学习目标及相关职业能力表现目标。

○ **知识目标**
　1. 了解直接准备阶段乘务员的工作内容；
　2. 掌握直接准备阶段乘务员的工作流程。

○ **素质（思政）目标**
　1. 培养学生的安全意识和高度责任心；
　2. 培养学生团结合作的大局意识；
　3. 培养学生精益求精的工匠精神。

知识框架

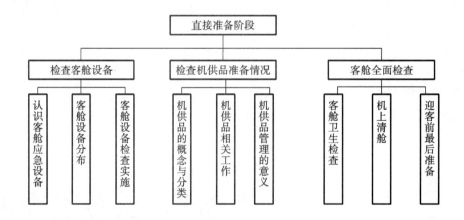

项目引入

直接准备阶段，是指从乘务员登机开始至旅客登机前的阶段。此阶段是乘务员为了更好地执行空中服务工作而进行的机上最后准备阶段工作，这直接关系飞行安全和乘务工作实施质量的好坏。乘务员必须按时乘坐机组车跟随机组人员到达机舱现场，严谨细致地做好各项准备工作。

任务一　检查客舱设备

飞机上各类设备的完好状况直接影响客舱空中安全服务的质量,对设备进行全面检查是乘务员登机后的"首要工作"。乘务员登机后要根据各自号位的职责对负责区域的应急设备数量及状态、客舱设备情况、客舱清洁状况进行全面检查,并向乘务长进行汇报。

一、认识客舱应急设备

根据中国民航局的相关规定,飞机上配备的应急设备种类、数量、位置均有相应的要求。我们把飞机上通用应急设备分为客舱灭火设备、客舱供氧设备、应急医疗设备和紧急撤离设备及其他安全设备。客舱发生突然情况时,应正确使用应急设备进行有效处置,尽最大努力确保旅客的生命安全和飞机的财产安全。

（一）客舱灭火设备

灭火设备包括:海伦灭火瓶、水灭火瓶、洗手间灭火系统等。
辅助灭火设备包括:防护式呼吸装置(防烟面罩)、应急斧、防护手套等。

1　海伦灭火瓶(Halon Extinguisher)(见图 3-1)

1）使用目的
海伦灭火瓶适用于各种类型的起火。
2）航前检查方法
(1) 压力指针在绿色区域。
(2) 在指定位置,数量正确。
(3) 安全销或铅封完好。
3）使用方法
(1) 取出灭火瓶。
(2) 一只手握住瓶体,另一只手取下环形安全销。
(3) 垂直握住灭火瓶,对准火源底部按压操作手柄,快速扫射并保证流量恒定,直到火被扑灭。

图 3-1　海伦灭火瓶

4）注意事项
(1) 海伦灭火瓶喷出的灭火剂需要完全雾化才会有效。
(2) 海伦灭火瓶每按压一次持续喷射时间大约 10 秒,可以反复多次按压,直至用完,工作范围为 2~3 米。
(3) 海伦灭火瓶有微毒,在密闭的空间内不能直接用于人身上的火灾,以免造成窒息。

■ 知识链接

> 火灾的种类

A 类(灰烬类)火灾:指固体物质火灾。这种物质通常具有有机物质性质,一般在燃烧后会产生灼热的余烬,如木材、干草、煤炭、棉麻、毛、纸张等火灾。

B 类(可燃性液体)火灾:指液体或可熔化的固体物质火灾,如煤油、柴油、原油、甲醇、乙醇、沥青、石蜡、塑料等火灾。

C 类火灾:指气体火灾,如煤气、天然气、甲烷、乙烷、丙烷、氢气等火灾。

D 类火灾:指金属火灾,如钾、钠、镁、钛、锆、锂、铝镁合金等火灾。

2 水灭火瓶(Portable H$_2$O Extinguisher)(见图 3-2)

1) 使用目的

水灭火瓶用于熄灭 A 类(灰烬类)和 D 类(金属)火灾。

图 3-2 水灭火瓶

2) 航前检查方法

(1) 铅封完好,在指定位置。

(2) 二氧化碳筒芯可见。

3) 使用方法

(1) 将提把顺时针方向完全转到底,听到"呲"的一声表示二氧化碳筒心刺穿。

(2) 压下触发器。

(3) 对准火焰底部进行喷射。

4) 注意事项

(1) 工作范围为 2~2.5 米。

(2) 每按压一次,灭火剂可持续喷射时间约 40 秒,可反复按压多次,直至用完。
(3) 水灭火瓶内已加入防冻剂和防锈剂,不能饮用。

■ **知识链接**

机上锂电池起火扑灭方法

锂电池具有特殊危险性,海伦灭火器只能扑灭锂电池燃烧的外部火焰,阻止周围物体的燃烧。用水灭火既能消除明火,又有一定的冷却作用,因而是机上锂电池起火应急处置的首选。

禁止使用灭火毯等类似用品覆盖或包裹锂电池及含锂电池设备灭火;禁止移动或从行李中取出正在起火、冒烟的锂电池及含锂电池设备;禁止从含锂电池设备中取出正在起火、冒烟或发热的锂电池。

在有效实施灭火处置后,应立即用水或其他不可燃液体对锂电池、含锂电池设备或相关行李进行淋洒冷却降温,防止锂电池复燃。

确认冷却后的锂电池或含锂电池设备状态稳定后,由做好个人防护的人员使用注入水的垃圾箱、冰桶等辅助工具将其移动至盥洗室、操作间、最低爆炸风险区等风险较小区域,并指定客舱机组人员进行监控。

❸ 洗手间灭火系统(Fire Extinguisher System in the Lavatory)

1) 洗手间内的烟雾探测器
(1) 位置:每个盥洗室舱顶均安装有一个。
(2) 复位方法:按压中断开关,烟雾驱散后,红色警告指示灯灭且停止鸣叫,探测器自动复位。

2) 洗手间自动灭火装置
(1) 目的:熄灭厕所废物箱中的火和洗手池下方的自动加热装置。
(2) 位置:位于每个厕所废物箱上方。
(3) 操作方法:当温度达到 77~79 ℃时,热熔帽化开,灭火剂自动喷射。
(4) 检查方法如下。
①检查灭火器旁的温度指示牌,指示牌上的任一灰白点变为黑色即表示灭火器已被使用或失效。
②检查灭火器的喷嘴,黑色为正常,铅色为已使用或失效。
③以上任何一种现象出现,必须尽快通知地面维修人员进行处理。

❹ 防护式呼吸装置(Protective Breathing Equipment,PBE)

1) 使用目的
(1) 在客舱失火时使用防护式呼吸装置,以防烟雾和有毒气体吸入。
(2) 当客舱充满烟雾时,防护式呼吸装置可提高对客舱的能见度。
注意:每个防护式呼吸装置可为使用者提供约 15 分钟的用氧。

2）航前检查方法

(1) 确认PBE固定在指定的位置。

(2) 确认包装完好。

3）使用方法

(1) 打开PBE储存盒,从盒内取出PBE。

(2) 双手放入橡胶护颈,用力向两边撑开,观察窗应向地面方向。

(3) 头向前倾,将PBE的护颈经头顶套入,用双手保护两侧脸颊及眼镜,使之完全遮挡脸部。

(4) 双手向前、向外用力拉动调节带,并使装置启动。双手抓住调节带的一端,用力向后拉动调节带,确保里面的面罩罩在口鼻处,且脸颊被覆盖。

4）取下PBE的步骤

(1) 在远离火焰和烟雾的安全处进行。

(2) 用双手将靠近观察窗下角的金属片向前推动,松开调节带。

(3) 双手由颈下插入面部,向上拉起PBE,取下。

5）注意事项

(1) 必须在非烟区穿戴好。

(2) 头发必须全部放入PBE,衣领要离开密封胶圈。

(3) 当拉动调节带后,若无氧气流出,再用力重复一次,否则取下面罩。

(4) 当头部有热感或面罩瘪下,说明供氧结束,需离开火源,取下面罩。

(5) 取下面罩后,因头发内残留有氧气,不要靠近有明火或火焰的地方,要充分抖散头发。

■ 知识链接

机上辅助灭火工具——应急斧

在紧急情况下,清理障碍物及灭火时可以使用机上应急斧。它一般储藏在驾驶舱内,也有部分机型储藏在客舱,需要妥善保管。应急斧的手柄包裹着可抗2400伏电压的橡胶绝缘材料。

（二）客舱供氧设备

1 旅客供氧系统

旅客使用的氧气由独立的化学氧气发生器提供。在旅客座位上方、乘务员座位上方均配备氧气发生器及适用的氧气面罩,以便为飞行器飞行员及乘务员提供氧气。

旅客供氧系统使用方法如下。

(1) 当座舱高度超过4200米时,氧气面罩将自动脱落。

(2) 从旅客服务单元拉下任一氧气面罩时,相应的氧气发生器即可启动供氧。

（3）氧气可持续供应 12～15 分钟，且不能关断。

❷ 手提式氧气瓶（9700 型）（Portable Oxygen Bottle）（见图 3-3）

图 3-3　手提式氧气瓶（9700 型）

1）航前检查方法

（1）在指定的位置上固定。

（2）面罩在指定位置，包装完好。

（3）氧气输出口的防尘帽堵塞在指定位置或与面罩连接完好。

（4）压力表指示不低于 1600 PSI。

2）使用方法

（1）取下氧气瓶。

（2）根据实际情况选择流量出口——高流量或低流量。

（3）转动开关阀门，逆时针方向拧到底。

（4）挤压袋子检查氧气面罩已经正常供氧。

（5）将氧气面罩罩在口鼻处进行吸氧。

3）注意事项

（1）用氧周围四排座位（3 米）内无火源。

（2）剩余压力为 500PSI 时应停止使用，以便留给紧急情况时使用。

（3）肺气肿旅客使用低流量。

（4）不要摔或撞氧气瓶。

（5）操作时手上切勿沾有任何油脂。

（6）使用完毕后，请关闭阀门，并填写客舱记录本。

■ 知识链接

飞机供氧系统

人类在无额外的氧气及无增压的帮助下能够生存的高度约为10000英尺（约3048米），而飞机的飞行高度在此安全高度之上。所以飞机上升到平飞高度后，客舱需要增压，保持飞机客舱内的压力为地面2400米左右高度的压力，这样机上人员才无须额外供氧，从而确保机组人员和旅客的舒适与安全。

飞机供氧系统，是指保证飞机全体人员能吸入足够的氧气，以防止在高空飞行或应急状况下缺氧的个体防护装备。正常飞行时，飞机主要靠机舱增压来防止旅客缺氧，一旦机舱增压系统失效，则在飞机下降高度的同时由应急供氧系统在短时间内保证全体人员用氧。氧气面罩是在客舱释压等紧急情况下供机组和旅客吸氧的工具，是机上应急供氧设备的重要组成部分。一旦飞机机体破损或者增压系统出现故障，导致客舱压力损失而无法维持在安全水平时，氧气面罩就会自动脱落。

（三）应急医疗设备

1 应急医疗箱（Emergency Medical Kit）、急救箱（First Aid Kit）

1）使用目的

（1）为机组人员和需要治疗的人员提供基本的急救药品。

（2）仅为具有医疗执照证书、专业证明或机长根据其具有的医疗知识和技术判断是否能够使用应急医疗箱中器具的人员提供便利的医疗器具。

2）航前检查

（1）在指定位置，数量正确。

（2）在有效期内。

（3）确保使用人员完全了解使用说明书。

（4）乘务员上机后应检查药箱铅封是否完好，如发现铅封被打开，则须报告机长，由机长通知相关部门进行处理。

（5）使用过药箱内药品、器械后，乘务员应认真填写药箱内的药箱使用反馈信息卡，并及时将反馈信息卡交至药箱管理部门，以保证药箱管理部门在下一个航班开始之前完成药品、器械的补充。

（6）乘务员使用过药箱后应及时报告机长，由机长通知相关部门进行处理。

（7）机上急救箱、应急医疗箱内存放单据包括：飞行中医疗事件处理记录、应急医疗设备和药品使用知情同意书等。

3）应急医疗箱内物品清单

应急医疗箱内物品清单如表3-1所示。

表3-1 应急医疗箱内物品清单

序　号	项　　目	配备数量
1	血压计	1个
2	听诊器	1个
3	口咽气道（7厘米、8厘米、10厘米三种规格）	各1个
4	静脉止血带	1根
5	脐带夹	1个
6	医用口罩	2个
7	医用橡胶手套	2副
8	皮肤消毒剂、消毒棉	适量
9	体温计（非水银式）	1支
10	注射器（2毫升、5毫升）	各2支
11	0.9%氯化钠	250毫升
12	肾上腺素注射液	10支
13	盐酸苯海拉明注射液	2支
14	硝酸甘油片	10片
15	阿司匹林（醋酸基水杨酸）口服片	30片
16	应急医疗箱手册（含药品和物品清单及使用说明）	1本
17	紧急医学事件报告单	1本

4）急救箱内物品清单

急救箱内物品清单如表3-2所示。

表3-2 急救箱内物品清单

序　号	项　　目	配备数量
1	绷带，3列（5厘米）、5列（3厘米）	各5卷
2	敷料（纱布）10厘米×10厘米	10块
3	三角巾（带安全别针）	5条
4	胶布，1厘米、2厘米（宽度）	各2卷
5	动脉止血带	1条
6	外用烧伤药膏	3支
7	手臂夹板	1副
8	腿部夹板	1副

续表

序 号	项 目	配 备 数 量
9	医用剪刀	1把
10	皮肤消毒剂及消毒棉	适量
11	单向活瓣嘴对嘴复苏面罩	1个
12	急救箱手册（含物品清单及使用说明）	1本
13	紧急医学事件报告单	2本

■ 知识链接

紧急医学事件报告单

紧急医学事件报告单如表3-3所示。

表3-3 紧急医学事件报告单

航班号		机号		日期		备降地		
旅客姓名		性别		国籍		年龄	证件号	
座位号		目的地		联系电话		住址		
事件情况				处理过程				
证明人姓名		地址/电话		国际及证件号		座位号	签名	
处理人员签名		地址			联系电话		签名	
乘务长签名								

1. 事件情况描述

事件情况描述应包括旅客发病过程及主要症状描述、首次观察生命体征结果等，体温、脉搏、呼吸、血压应精确到具体数据。还需记录旅客的意识情况、瞳孔及面色的变化、询问病史及过敏史等。

2. 处理过程的填写

按抢救时间点做记录,包括:进食情况(原则上禁食,低血糖除外),广播找医生,旅客体位,各类分泌物的量、颜色、性状;使用何种药物、药量、用药方式、药物来源、效果;吸氧时间、流量;其他抢救方法的详细记录;停止吸氧时间、总量、效果等。飞行中,应每10分钟对旅客做一次生命体征检测并记录,包括下降前做最后检查(四大生命体征)、旅客特殊要求、是否通知检疫等。

3. 应记录的紧急医学事件

应记录的紧急医学事件包括:旅客或机组成员在航空器上突发重病或死亡事件;由于航空器操作、设施、工作人员服务等原因造成旅客受伤;由于人员伤病造成飞机改航备降;突发公共卫生事件,包括导致使用急救箱、应急医疗箱、卫生防疫包的情况;乘务长认为今后可能会与航空公发生纠纷的任何医疗事件。

4. 填写

当机上发生应急医疗事件后,机上急救箱内存放的单据应由当班乘务长负责填写。

2 卫生防疫包 (Universal Precaution Kit)

1) 目的

卫生防疫包用于清除客舱内血液、尿液、呕吐物和排泄物等潜在传染源。

2) 配备标准

(1) 每100个旅客座位配1个(100座以内配1个)。

(2) 执行疫区飞行的航线飞机,将适当增加防疫包配置,以实际配备数量为准。

3) 使用方法

(1) 穿戴个人防护用品。依次穿戴医用口罩、眼罩、医用橡胶手套、防渗透橡胶(塑料)围裙。

(2) 配制消毒液。先取1片表面清理消毒片放入250~500毫升的清水中,配制成1:(500~1000)浓度的消毒液,然后对污物污染的客舱内物品表面和地面进行初步消毒。

(3) 将消毒凝固剂均匀覆盖于液体、排泄物等污物3~5分钟,使其凝固化。

(4) 使用便携拾物铲将凝固化的污物铲入生物有害物专用垃圾袋中。

(5) 用配好的消毒液浸泡吸水纸(毛)巾,对污物污染的物品和区域消毒2次,保证每次消毒液在表面滞留5分钟;然后用清水擦拭2次;最后将使用过的吸水纸(毛)巾及其他所有使用过的消毒用品放入生物有害物专用垃圾袋中。

(6) 依次脱掉手套、围裙,用皮肤消毒擦拭纸巾擦手消毒;然后依次取下眼罩、口罩;最后用皮肤消毒擦拭纸巾擦手及身体其他可能接触到污物的部位。

(7) 将所有使用过的防护用品装入生物有害物专用垃圾袋后,将垃圾袋封闭,填写"生物有害垃圾标签",粘贴在垃圾袋封口处。

(8) 已封闭的生物有害物专用垃圾袋应存放于适当位置,避免丢失、破损或对机上餐食造成污染。

(9) 通知机长联系前方到达站地面相关部门做好生物有害物专用垃圾袋的接收准备。

注意:严禁将生物有害物专用垃圾袋放置在食品、机供品等存放处。

4）卫生防疫包内物品

卫生防疫包物品清单如表 3-4 所示。

表 3-4　卫生防疫包物品清单

序号	项　　目	配 备 数 量
1	液体、排泄物消毒凝固剂	100 克
2	皮肤消毒擦拭纸巾	10 张
3	医用口罩和眼罩	各 1 个（副）
4	医用橡胶手套	2 副
5	防渗透橡胶（塑料）围裙	1 条
6	大块吸水纸（毛）巾	2 条
7	便携拾物铲	1 套
8	生物有害物专用垃圾袋	1 套
9	物品清单和使用说明书	1 本
10	事件记录本或紧急医学事件报告单	1 本（若干页）

（四）紧急撤离设备

1 应急定位发射器（Emergency Locate Transmitter，ELT）（见图 3-4）

图 3-4　应急定位发射器

1）型号

RESCU 406（S）型、RESCU 406（SE）型、ADT 406S 型。

2）目的

（1）应急定位发射器。为援救提供一个方位信号。

（2）在应急情况时发射无线电频率，频率为 121.5 MHz、243 MHz、406 MHz。

3）检查方法

（1）在指定的位置固定。

(2) 天线、塑料袋缠绕良好，开关保护罩在指定位置，水溶性胶带完好。

4) 使用方法

(1) 水中(通用)：

将系留绳的末端系在救生船上，然后将 ELT 扔入水中，天线由水溶性胶带绑定在 ELT 上，水溶性胶带遇水后溶解(5秒)，天线展开并发射信号。

(2) 陆地：

①RESCU 406(S)型：人工撕开水溶性胶带，天线展开，使用袋子装水(或者咖啡、果汁、尿等导电液体)，将 ELT 放入后开始发射信号。

②RESCU 406(SE)型：将电门设置到"XMT"位，人工展开天线并发射信号。

③ADT 406AS 型：将电门设置到"ON"位，人工展开天线并发射信号。

5) 注意事项

(1) RESCU 406(S)型：

①陆地使用时，袋子内只能装水、咖啡、果汁或尿等导电液体，不能装油。

②陆地使用时，宜选择空旷地带的最高处，不要倒放或躺放。

(2) RESCU 406(SE)型、ADT 406S 型：

①将电门扳到"TEST"位(不展开天线)，然后进行自检，乘务员无须操作。

②陆地使用时，宜选择空旷地带的最高处。

2 救生衣(Life Vest)(见图 3-5)

1) 目的

救生衣供漂浮时使用。

2) 检查方法

(1) 救生衣在指定位置。

(2) 救生衣数量准确(集成包装)。

3) 使用方法

救生衣的使用方法如下：

(1) 打开塑料包取出救生衣。

(2) 将救生衣经头上穿好，红色充气阀门应在前侧。

(3) 将调节带缠绕在腰间扣好，系紧。

(4) 确定调节带的松紧，使救生衣下端与腰部吻合。

(5) 在离开飞机前拉下红色充气阀门充气(客舱内不能充气)。

(6) 如果救生衣漏气或不能充气，可通过人工充气管用嘴进行充气。

图 3-5 救生衣

有关注意事项如下：

(1) 救生衣正反可以调换。

(2) 若要释放出救生衣内的气体，压下充气管内的阀门并挤压救生衣，使气体挤出。

(3) 旅客救生衣是黄色的。

(4) 机组救生衣是红色/橘黄色的。

（5）每个救生衣上都附带救生衣定位灯，用于在夜间确定落水人员的方位。当海水浸入救生衣底部电池上的两个小孔时，电池开始工作。定位灯将在几秒内亮起并可持续 8～10 小时。

3 应急灯光

1）目的

应急灯光指安装的撤离路径灯或反光条、出口指示灯、出口标志灯及应急滑梯照明灯，在紧急情况下可提供目视帮助。

2）检查方法

（1）在指定位置，完好，发光正常。

（2）发光条清洁无污物。

3）操作

（1）应急灯接通：通过驾驶舱中的应急灯光键或乘务员面板上的应急灯光键进行操作。

（2）电源失效时，应急灯光会自动打开。

4）开关类型

（1）带有透明塑料保护盖的按键开关。

（2）带有红色保护盖的拨动开关。

5）特别考虑

（1）撤离路径灯包括地板上和座椅腿边的白灯或绿灯及通向每个出口处的红色指示灯。

（2）每个出口上的出口标识灯是由应急灯光键接通的。

（3）工作时间为 12～15 分钟。

4 应急手电筒（Flash Light）

1）使用目的

应急手电筒用于在紧急情况下指挥、搜索、发布求救目视信号等。

2）检查方法

（1）在指定位置，数量正确。

（2）手电筒上的红色指示灯 3～4 秒闪烁一次。

3）特殊考虑

（1）手电筒上的红色指示灯 3～4 秒闪烁一次，表示电量充足；10 秒以内闪烁一次或按压手电筒底座测试钮，指示灯显示绿色均属正常。

（2）若红色指示灯闪烁时间在 10 秒以上或按压底座测试钮指示灯显示红色，表明电量不足，需要更换电池。

5 救生船（Life Raft）

救生船内设备见表 3-5。

1）使用目的

（1）救生船用于水上迫降时撤离旅客。

(2) 救生船为圆形或椭圆形,折叠后装入带有搬运手柄的包装袋中。

2) 注意事项

(1) 救生船使用时无须解开包装袋上的绳扣。

(2) 救生船重量为 50~64 千克,额定载量为 46~56 人。

(3) 两个充气管分别位于船的上下两侧。

(4) 无论哪一面在上,救生船都可以使用。

(5) 断开手柄、人工充气手柄、缠绕好的系留绳位于包装袋上一块颜色鲜明的盖布下。

(6) 救生包系在展开的船上,由一根绳子连着漂浮在水中,撤离时必须将其拉入救生船上。

表 3-5 救生船内设备

序 号	名 称	设备数量	用 途
1	救生包	1 个	水上迫降求生使用
2	人工充气泵	1 个	用来给救生船气囊充气
3	《救生船手册》或《求生手册》	1 本	包括救生船及其设备维护说明和详细的求生说明
4	修补钳	4 个	用来修理破损的救生船
5	饮用水	4 袋	求生时饮用
6	水净化药片	2 瓶	用来净化收集到的淡水
7	急救用品	若干	急救用途,包含各类基本急救用品,如夹板绷带、碘酒、药膏、氨水吸入器等
8	通用小刀	1 把	作为一般小刀使用
9	烟火信号弹	1 个	用于发射求救目视信号
10	海水染色剂	2 个	用于将海水染色
11	水驱动手电筒	1 个	照明使用
12	信号反射镜	2 个	用来反射太阳光线
13	哨子	2 个	在雾天或晚上时召唤幸存者
14	舀水桶、吸水海绵	1 个	用来收集水或清除救生船内积水

■ 知识链接

1. 单通双端发射烟火信号弹

救生包内的单通双端发射烟火信号弹发射处分为两端。白天发射的一端盖面上摸起来是平滑的。弹筒内喷射出明亮的橘红色烟雾,在晴朗、无风的天气下可见范围达 12 千米,并且烟雾可持续 20 秒。夜晚发射的一端保护盖上有几个突出的圆点。夜晚发射的一端烟火信号弹喷射出闪亮的红色光柱,在晴空的夜晚可见范围达 5 千米,并且亮光持续大约20秒。但要注意的是,只有在飞机或船确实可以被看到或接近时才发射烟火信号弹。

2. 海水染色剂

海水染色剂只有在看到搜寻和营救人员并且海水相对比较平静时使用。它含有的化学试剂,可以将救生船周围300米范围的水染成荧光绿色,在平静的水面上持续生效时间约为45分钟,但若是波涛汹涌的海面时间会短一些。它在晴天和日光下平静的海面上容易被看到。操作时,先将短绳系在救生船逆风的一方,然后拉下盖片打开染色剂,随后将染色剂扔到水中。

3. 水驱动手电筒

电池通过开关或浸入水中接通电源,水驱动手电筒的光在15千米的海域内可以看到亮光,不用时要保存好电池。

4. 信号反射镜

信号反射镜用来向过往的飞机和海上的船只反射太阳光,从而制造一个目视信号。镜面上反射光的视程可超过23千米,反射镜可反复使用。若在白天连续使用,可以给船上的人员互相传用;拴在镜角上的绳子必须在手上套好,以免掉入水中。使用时,将太阳光从镜子上反射到一个附近物体的表面,渐渐将镜子向上移到眼睛水平处并能通过观察孔观看到一个光亮点,这就是目标指示光点,慢慢地转动身体调节镜子方向,使目标指示光点落在目标上。

5. 哨子

哨子可用于在雾天、晚上时召唤幸存者或其他救生船及水上最近区域的船只。

6. 舀水桶、吸水海绵

舀水桶、吸水海绵可用来收集水或清除船内积水。

(五) 其他安全设备

以客舱记录本(CLB)为例。

1) 使用目的

各航空公司的每架飞机上必须有客舱记录本,当机组成员在执勤期间发现或由旅客反映中得知飞机客舱设备功能及外观存在缺陷、故障时,应将这些缺陷或故障填写记录在客舱记录本上,以便维修部门及时维修。记录的客舱设备包括内话系统、广播系统、音像设备、应急设备、灯光照明及各种座椅等。

2) 检查方法

(1) 在指定的位置存放。

(2) 记录的客舱设备故障已作适当处理。

3) 使用方法

(1) 所有记录都应用蓝色或黑色圆珠笔书写,且由乘务长填写,最后由乘务长或机长签名。

(2) 每个框内只记录一项故障或缺陷。

(3) 进入下一页之前必须确信本页所有书写空间已填满。

(4) 对于影响运行安全的问题,在交给维修部门之前应先通知机长。

(5) 机务维修人员应填写对缺陷或故障的处理情况。

(6) 乘务长必须在起飞前对 CLB 中所记录情况进行检查。

二、客舱设备分布

下列以 A320 机型客舱设备分布为例,介绍客舱设备一般分布(见表 3-6)。

表 3-6　A320 机型客舱设备分布

名　称	分　布	设备数量
便携式氧气瓶	6 排左侧行李架上 1 个,6 排右侧行李架上 1 个,最后一排左侧行李架上 4 个	6 个
HALON 灭火瓶	1L 门乘务员座位下方 2 个,旋转乘务员座位下方 1 个,2R 乘务员座位下方 1 个	4 个
旅客、机组救生衣	每个机组、旅客座位下	164 件
婴儿救生衣	55ABC 行李架上(集成包装)	5 件
扩音器	7AC 行李架上 1 个,55ABC 行李架上 1 个	2 个
急救箱	6AC 行李架内 1 个,最后一排 AC 行李架内 1 个	2 个
应急医疗箱	左侧应急门上方行李架内	1 个
防护式呼吸装置	6AC 行李架上 2 个,2L 门乘务员座位旁 1 个,2R 门乘务员座位上方 1 个,55JKL 行李架上 2 个	6 个
手电筒	每个乘务员座位下方	5 个
应急定位发射器	6JL 行李架内 1 个、2L 门乘务员座位背后或 54ABC 行李架内 1 个	2 个
6 人救生船	最后 1 排右侧行李架内	1 个
卫生防疫包	左侧应急门上方行李架内	2 个

三、客舱设备检查实施

乘务员上机后,把个人箱包物品放入指定行李架内,领取各自号位检查单,进行各自区域的设备检查。检查完毕后通过乘务员向乘务长汇报:"报告乘务长,我是×号乘务员,我所负责的区域应急设备检查完毕,一切正常,处于适航状态。"如发现设备的数量、位置及待命状态与标准适航状态不符,应立即向乘务长进行汇报,并通知机务人员来处理。如果一时无法修复,要及时报告机长。

（一）检查客舱安全设备

1 检查应急灯光（见图3-6）

步骤一：检查各自区域应急灯光系统是否在指定位置、完好、发光正常。
步骤二：检查发光条是否清洁无污物。

2 检查舱门（见图3-7）

步骤一：检查舱门滑梯是否在非待命（预位）位。
步骤二：检查滑梯压力表指针是否在绿色区域。

图3-6　检查应急灯光

图3-7　检查舱门

3 检查海伦灭火瓶

步骤一：检查海伦灭火瓶是否在指定位置，数量是否正确。
步骤二：检查压力指针是否在绿色区域。
步骤三：检查安全销是否在位或铅封完好。

4 检查水灭火瓶

步骤一：检查水灭火瓶是否在指定位置，数量是否正确。
步骤二：检查铅封是否完好。
步骤三：通过手柄上的孔查看二氧化碳筒心是否可见。

5 检查手提式氧气瓶

步骤一：检查氧气瓶是否在指定位置上固定好。
步骤二：检查配套的面罩是否在指定位置、包装完好。

步骤三:检查氧气输出口的防尘帽是否堵塞、是否与面罩连接完好。
步骤四:检查压力表指示是否不低于 1600 PSI。

6 检查应急医疗箱(见图 3-8)

步骤一:检查应急医疗箱是否在指定位置上固定好。
步骤二:检查应急医疗箱上的铅封是否完好。

图 3-8 检查应急医疗箱

7 检查急救箱

步骤一:检查急救箱是否在指定位置上固定好。
步骤二:检查急救箱上的铅封是否完好。

8 检查卫生防疫包

步骤一:检查卫生防疫包是否在指定位置上固定好。
步骤二:检查卫生防疫包上的铅封是否完好。如有发现过期或封条损坏,应及时报告机长或外场联络人员通知航医室进行更换。

9 检查防护式呼吸装置(PBE)(见图 3-9)

步骤一:检查防护式呼吸装置是否在指定位置上固定好。
步骤二:检查防护式呼吸装置的包装是否完好未被打开过。如果有任何损坏应及时通知机务人员处理。

10 检查旅客、机组救生衣

步骤:检查旅客、机组救生衣是否在指定位置上(每个旅客座椅下方、每个机组人员座椅下方各一件)。

图 3-9　检查防护式呼吸装置(PBE)

⑪　检查婴儿救生衣

步骤一：检查婴儿救生衣是否在指定位置上。

步骤二：确认婴儿救生衣数量是否准确(集成包装)。

⑫　检查应急定位发射器

步骤一：检查应急定位发射器是否在指定位置上。

步骤二：检查应急定位发射器上的天线、塑料袋是否缠绕良好，以及开关保护罩是否在指定位置上、水溶性胶带是否完好。

⑬　检查洗手间烟雾探测器

步骤一：观察烟雾探测器灯光指示是否正常。

步骤二：检查烟雾探测器声音是否正常。

⑭　检查洗手间自动灭火装置

步骤一：自动灭火装置是否在指定位置上。

步骤二：压力表是否显示在绿区或温度指示板是否呈灰白色。

⑮　检查应急手电筒

步骤一：检查应急手电筒是否在指定位置上固定好。

步骤二：检查玻璃罩是否清洁到位，光亮是否正常。

步骤三：手电筒外壳上的红色指示灯是否 3~4 秒闪烁一次。

⑯　检查扩音器

步骤一：检查扩音器是否在指定位置上。

步骤二：检查扩音器声音是否正常。

17 检查安全须知卡、紧急出口乘客须知卡

步骤一:检查安全须知卡、紧急出口乘客须知卡是否与机型匹配,插放是否正确(首页)。

步骤二:检查安全须知卡、紧急出口乘客须知卡的备份数、存放位置是否正确。

(二)检查客舱服务设备

1 检查控制面板

步骤一:乘务长检查前舱控制面板是否正常。
步骤二:乘务员检查后舱控制面板是否正常。

2 检查广播/内话系统

步骤一:检查内话系统部件是否完好、是否在指定位置上。
步骤二:乘务长由前舱向后舱拨通内话。
步骤三:后舱乘务员接听电话,检查是否能正常拨通电话、通话是否正常。

3 检查录像娱乐系统

步骤一:按正常程序打开娱乐系统。
步骤二:检查客舱内显示屏是否能正常打开、正常工作。

4 检查旅客服务组件

步骤一:按压检查服务组件内的旅客呼唤铃是否正常。
步骤二:打开并关闭检查服务组件内的旅客阅读灯是否正常。
步骤三:开关服务组件内的通风孔检查是否能正常调节风量。
步骤四:检查禁止吸烟灯、系好安全带标志灯是否正常工作。

5 检查旅客座椅

步骤一:检查旅客座椅上的安全带是否在指定位置上、是否能正常锁扣或打开。
步骤二:检查旅客座椅上的座椅靠背是否能正常调节。
步骤三:检查旅客座椅后背的小桌板是否能正常打开和收起。
步骤四:检查旅客座椅上方是否清洁,并确认无尖锐物品。

6 检查遮阳板

步骤一:检查遮阳板是否在指定位置上、是否完整。
步骤二:检查遮阳板是否能够正常打开或闭合。

7 检查清污水系统

步骤一:通过清污水系统显示器检查清水是否足量。如果清水量不足,及时汇报给乘

务长通知地面工作人员添加清水。

步骤二：通过清污水系统显示器检查污水是否过多。如果污水量过多，及时汇报给乘务长通知地面工作人员抽排污水。

❽ 检查厨房烧水器

步骤一：操作检查厨房烧水器是否能正常打开。
步骤二：等待适当时间，检查烧水器是否能正常烧水。

❾ 检查厨房内烤箱（见图3-10）

步骤一：打开、关闭烤箱电源，检查烤箱是否通电正常。
步骤二：等待适当时间，检查烤箱是否有加热温度。

图3-10　检查厨房内烤箱

📋 任务小结

客舱设备检查项目繁多，时间有限，关乎整个航班的安全。乘务员需要在有限的时间内精准无误地对所负责区域的设备进行有效检查，要求乘务员要有高度的安全意识，肩负起客舱安全的责任，严谨、认真地完成航前设备检查，保障每一次航班的安全和顺利。

📋 思考题

1. 简述海伦灭火器的使用方法及注意事项。
2. 简述如何检查洗手间内的自动灭火装置。
3. 简述航前安全检查的重要性。

任务二　检查机供品准备情况

机供品准备是直接准备阶段重要的工作,乘务员要按照分工对航班配备的各类机供品进行清点、检查、签收、报告和准备。

准备包括:对需要冷藏的食品、饮料、酒类进行冷藏;准备迎宾饮料、毛巾;将书报杂志摆放整齐、摆放卫生用品;做好毛毯、拖鞋、衣架等各项物品的准备工作。

一、机供品的概念与分类

(一) 机供品的概念

机供品是客舱服务项目中"物"的总称,是为旅客提供客舱服务的物质资源。一般包括餐饮餐具、书报杂志、毛毯、礼品、洗漱用品等。

■ 知识链接

飞机餐食是如何几经周转装到飞机上的?

机供品装配分为以下三个步骤。

1. 机供品计划接收

通过调度得到次日航班信息,在信息表中核对出需要配备的航班,这里要特别注意两点——核对航班号及日期,这样可以有效地避免错配和漏配。

2. 装配机供品

首先是准备机供车,检查包括干冰夹层、刹车、车内有无异物或吸附钢质刀叉,再准备机供品,检查有无破损及生产日期是否符合要求;最后是装配工作,通过分装图,分别对饮料类、食品类、用品类依次进行装配。以短程1段航班为例装车,前舱上层为食品类,下层为饮料类,后舱为用品类。

3. 复查存放

首先,打印机供品标识卡并制单,有三点注意事项——核对航班号、配装内容、装配日期;其次,按照机供品对照图逐一核对,并铅封存放。应注意的是,根据空防要求,机供品装配完成后,要在库区存放24小时才能转装到飞机上。

(二) 机供品的分类

机供品一般分为以下六大类。

1 餐食

餐食分为旅客餐和机组餐两种。

(1) 旅客餐一般根据舱位、航班时刻和航程配备。

①按舱位,可分为头等舱餐食、公务舱餐食和经济舱餐食。

②按航班时刻,可分为正餐、简便餐、点心餐等。

③按航程长短,可提供一餐或多餐。

(2) 机组餐是根据局方要求和航班时刻为飞行机组配备的餐食,包括正餐、点心、水果等。机长餐食与副驾驶餐食有差别,机长餐食有特别标记。

提示:如提供给机长和副驾驶的餐食相同,则机长与副驾驶的进餐时间间隔至少要在一个小时以上。

2 饮品

机上饮品一般分为以下四类。

(1) 水:机上一般配备矿泉水或纯净水,含有人体必需的微量元素和矿物质,清洁卫生,是航班中配备量、使用量最多的饮品。

(2) 软饮料:含有碳酸气体(二氧化碳)的饮料,一般情况下可提供冰块,口感清新舒爽。这类饮料具体包括可口可乐、苏打水、干姜水、雪碧、橙味汽水等。

(3) 果汁:由水果制成的饮料,航班上一般提供橙汁、番茄汁、苹果汁、菠萝汁、西柚汁、果蔬汁和椰汁等。头等舱、公务舱配备的果汁品种较丰富。

(4) 热饮:包括绿茶、红茶、咖啡等。一般在餐后提供。乘务员必须掌握热饮冲泡的方法,在递送时要缓而稳,避免烫伤旅客。

3 餐具

机上餐具一般分为以下三类。

(1) 杯具:玻璃杯、葡萄酒杯、香槟杯、咖啡杯、塑料杯、纸杯等。

(2) 餐具:汤碗、汤勺、面包碟、沙拉碗、餐盘、不锈钢刀叉、铝箔盒、纸餐盒等。

(3) 辅助用品:餐补、面包夹、面包篮、大小托盘、保温桶、开瓶器、摇酒壶、冰碗、冰勺、毛巾夹、纸巾、杯垫等。

4 餐车、储物箱

餐车、储物箱用于存放餐食、饮品、餐具等服务用品,包括整餐车、半餐车、免税品车和供酒车等。

5 舒适用品

舒适用品一般包括被子、毛毯、靠枕、拖鞋、洗漱包和毛巾等。

6 盥洗室用品

盥洗室用品一般包括洗手液、肥皂、护手霜、清香剂、擦手纸、卷纸和马桶纸垫等。

二、机供品相关工作

（一）填写机供品单

机供品单是指标有机供品配备数量与种类，供乘务员在航前或航后确认配机和填写回退量的单据。乘务员要按照要求填写机供品单，以备核查。

乘务员在执行航班前必须做好航前准备，包括配备标准、旅客人数、餐饮品等内容。遇到航班延误，起飞时刻发生变化，供应的餐种也要随之变化。例如，原先上午9点起飞的航班延误至上午11点起飞，那么原先配备的点心餐应调整为正餐。乘务员在准备时要有预见性，及时与地面保障部门取得联系，做好餐食调整与准备，适应航班的调整需求。

（二）清点机供品

清点机供品指乘务员在航前对照机供品单进行数量核对、质量抽查和安全检查的工作过程。机供品由地面工作人员先于机组登机前专载上机，存放于规定位置。乘务员登机后在完成清点的前提下，与地面工作人员确认签字。清点时要注意以下几点。

① 核查铅封

由于航空安全运输的要求，机供品从仓库运输到飞机上必须进行铅封，乘务员要仔细核对铅封号，并对上机的供应品进行安全检查，防止外来物品夹带上机。

② 标准清点

乘务员要根据机供品单据上的配置数量和种类进行核对，避免出现机供品数量的短缺和种类不符等现象而对后续的服务造成影响或航班延误。

③ 质量抽检

乘务员要抽查机供品的配机质量，如餐食的保质期、外包装是否完好和用具的卫生质量等，确保机供品的质量符合健康卫生安全的要求。

航班在过站期间会对机供品进行配送和增补。乘务员要及时了解乘机人数临时变化的情况，以便通知地面工作人员做好配备和增补；同时要加强过站期间的监控，防止机供品不必要的损耗。

④ 旅客人数变化

乘务员要在过站期间及时了解下一航段的旅客人数，一旦人数发生变化，与机供品配备数量不符，要及时通知地面工作人员进行补充或回退。如果发生旅客大量增加，除做好餐食的调整外，还需要做好饮料、餐具等用品的补充，保证客舱服务工作正常开展。

⑤ 防止意外损耗

过站期间会有客舱清洁、设备检修等地面人员进入客舱，乘务员要加强机供品的保管和监控,避免发生误将未使用的机供品被当作回收物品而被卸下飞机的现象。一旦未使用的机供品当作回收物品被卸下飞机,不但造成意外的浪费,又会影响后续航班的正常服务。

(三)机供品服务要求

乘务员应熟练掌握机供品的供应方法、服务要求和注意事项,保证旅客得到良好的服务体验。如在供餐前,啤酒和白葡萄酒要冰镇、瓷器餐具要事先预热、干冰要在餐食烘烤前取出、毛毯要事先安放在座椅上等,乘务员要贯彻执行业制定的服务要求,提升机供品服务价值的作用。

(四)回收机供品

回收机供品指乘务员在航班服务结束后,将机上剩余的机供品进行整理后放在指定的位置或区域,并填写机供品单的工作过程。

结束航班任务前,乘务员要对剩余的机供品进行清点、整理和分类,集中放置在规定的位置并准确填写机供品使用情况,在有条件的情况下做好与地面工作人员的当面交接工作。

三、机供品管理的意义

机供品管理水平的高低直接影响到旅客的满意度、企业的经济效益和绿色环保理念的践行。

(一)有助于充分发挥机供品的效能

机供品是客舱服务不可或缺的重要组成部分,乘务员要充分利用机上配备的机供品资源,根据旅客的需求、航班的特点和季节的因素等,合理使用和调节机供品,发挥机供品的最大效能,从而提高旅客的满意度。

1 体现合理化

乘务员在服务过程中,只有对各类机供品进行合理的调配和使用,才能将有限资源发挥得更高效。例如,国内航班由于机型等的限制,毛毯不是满员配备,无法保证旅客人手一条。当毛毯不够分发时,乘务员要把握分配原则,一般优先提供给老人、孕妇、儿童等特殊旅客,并要做好适当预留,以备有旅客急需时能及时提供。

2 提高满意度

旅客的满意度与机供品提的条件、质量等密切相关。由于机供品配备有限,当发生供需矛盾时,往往会使旅客感到不满意。例如,供餐时,当旅客没有选择餐食的余地时,容易引起不满。此时,乘务员要灵活应对,除诚恳地向旅客说明情况以取得谅解外,还应该主动推荐可提供的餐食品种,来弥补配备的不足,从而及时化解旅客的不满情绪,提高旅客的满意度。同时,乘务员要做"有心人",注意观察和总结各航线机供品的使用情况,向有关部门提出调整机供品配备的合理化建议，以持续不断地改进服务质量。

（二）有助于推进精细化管理

机供品是航空公司的成本支出，其运送环节多、备用量大且周转时间长，存在流失多、浪费大和管理难的现象。乘务员在服务过程中要树立成本控制意识，本着例行节约的原则，加强对机供品的使用管理，倡导绿色环保理念，实现降本增效。例如，机上配备的无纺布毛巾，需润湿后提供给旅客，乘务员要根据旅客的人数，适量地准备湿的毛巾。要避免因贪图省事、方便，而将所有毛巾全部浸湿的做法，这样会致使未使用的湿毛巾无法再利用，从而造成浪费。航班结束前，乘务员要将剩余机供品分门别类地进行整理，做好机供品的回收再利用，降低机供品的成本。

任务小结

机供品设计数量大、种类多、环节长，乘务员要了解机供品的含义和类别，树立成本意识和环保意识，科学合理地使用机供品，避免机供品不必要的浪费，在机供品资源配备有限的情况下，通过灵活运用，最大限度地提高旅客的满意度。乘务员是航班机供品的分配者和管理者，航前要掌握服务要求，做好充分准备，航班运行过程中要根据实际情况合理使用，灵活调配，加强过站监控，并做好航后回退和信息反馈，充分发挥机供品的服务价值。

思考题

1. 简述机供品的含义。
2. 简述机供品的类别。
3. 简述机供品管理的意义。
4. 如何实现机供品管理精细化？
5. 如没有餐食可供旅客选择，乘务员该如何处理？

任务三　客舱全面检查

一、客舱卫生检查

（一）客舱区域

检查客舱区域卫生情况如图 3-11 所示。

(1) 地板、通道干净整洁，无杂物、纸屑（目测检查）。
(2) 安全带摆放整齐，座椅头片干净整洁（目测检查）。
(3) 行李架、壁板、旅客服务组件干净，无明显污痕（目测检查）。
(4) 遮光板表面干净，无污渍（目测检查）。
(5) 座椅扶手、旅客小桌板干净，无污渍（每个区域至少抽查5～6个座椅）。
(6) 安全须知卡、清洁袋等物品齐全并摆放整齐（抽查3～5个座椅）。
(7) 储物柜无杂物，干净整洁（打开，目测检查）。
(8) 服务用品，如毛毯和枕头等是否干净整洁（打开，抽查3～5个）。

图3-11 检查客舱区域卫生

（二）厨房区域

检查厨房区域卫生情况（见图3-12）。
(1) 服务间地板、服务台面、壁板、储物柜干净整洁（目测检查）。
(2) 烤箱干净、无油渍、无异物（目测检查）。
(3) 垃圾箱里的垃圾袋已更换（目测检查）。

（三）洗手间区域

检查洗手间区域卫生情况如图3-13所示。

(1) 马桶、水池、地板、镜子、台面干净整洁、无水渍(目测检查)。镜子、台面、马桶周边、地面,简称"三面一边"。卫生间的清洁不等于简单地擦拭,而是抓住每个死角,门把手、折叠门后、开关锁以及所有金属的区域都不能放过,无明显手印和污渍。

(2) 洗手液和护手霜齐在指定位置,配备齐全。摆放标准如下:

①将护肤品等摆放在香水架上,航徽朝外,将瓶盖取下放在厕所的抽屉或储物柜内。

②将备份卫生纸、面巾纸放在厕所或附近的储物柜内,以备空中随时取用。

③B777机型建议将蓝色塑料手套放在抽屉内,以备空中随时取用。B787/B737机型建议将蓝色塑料手套放在镜子后面,以备空中随时取用。

(3) 垃圾桶垃圾袋已更换(目测检查)。

(4) 擦手纸、卷纸已补全并折成三角形(目测检查)。

图3-12 检查厨房区域卫生

图3-13 检查洗手间区域卫生

二、机上清舱

清舱是旅客上飞机之前对客舱进行全面的、仔细的安全检查,确保客舱内无任何外来人、外来物。清舱是为了保证飞机及旅客的安全,最大限度地排除影响客舱安全的不利因素。清舱范围包括以下区域。

(1) 厨房区域:舱顶、四壁、地板及连接处,烤箱、冰箱、橱柜、餐车、衣帽间、乘务员座椅及座椅下方区域。

(2) 应急设备区域:应急设备存放处、客舱门、驾驶舱门、紧急出口。

(3) 客舱区域:行李架、座椅上、座椅下、座椅口袋内。

三、迎客前最后准备

客舱设备检查结束后，依次进行报告："报告乘务长，客舱应急设备检查完毕，服务设备检查完毕，处于适航状态，报告完毕。"

机上卫生检查结束后，依次进行报告："报告乘务长，客舱、厨房、洗手间卫生已检查完毕，整洁、无异物，报告完毕。"

各项工作结束后，进行再次清舱，确认机上无外来人、无外来物，依次汇报至前舱，客舱准备完毕。检查客舱、厨房、洗手间、衣帽间、行李架无外来人、无外来物后，将洗手间、衣帽间锁闭。

客舱都报告完毕后，乘务员报告机长，请示登机："报告机长，客舱工作准备就绪，是否可以通知地面开始上客？"

得到机长的指令后，乘务员广播通知其他乘务员："请各号位乘务员就位，开始登机。"乘务员整理个人的仪容仪表，站在个人的迎客位置，等待旅客的到来。

任务小结

本项目旨在使学生能根据机上客舱卫生检查规定，进行客舱卫生的检查；能根据机上清舱规定，进行清舱检查；能根据服务设备检查标准及客舱预先准备程序，综合汇报内容，判断旅客登机前的准备工作是否全部完成。

思考题

1. 简述海伦灭火器的使用方法及注意事项。
2. 简述航前安全检查的重要性。
3. 迎客前的客舱全面检查有哪些步骤？每个步骤需要注意什么？
4. 如何实现机供品管理精细化？
5. 以小组为单位，根据各号位乘务员客舱直接准备阶段职责分工，进行有序的航前准备阶段工作流程实操。

项目总结

直接准备阶段是在乘务员进入客舱后、乘客上机前，乘务员在客舱内做好充分准备工作的重要阶段。乘务员按照要求划分区域对客舱设备进行认真检查，保障了航班运行的安全性；除此之外，对客舱服务设备及服务用品进行检查和清点，为高质量客舱服务提供了保障。各号位乘务员在此阶段要严格按照要求完成工作职责，保证航班安全有序运行。

项目实训

旅客登机前准备

实训目标：
完成旅客登机前服务设备、应急设备、卫生检查、清舱的确认和汇报工作。

实训准备：
1. 场地条件：客舱服务实训室。
2. 设备条件：B737 机型或 A320 机型模拟舱。
3. 材料准备：机供品（毛毯、枕头、报纸、机上餐食等）和个人物品（围裙等）准备。

实训内容：
以 B737 机型为例，每 6 位同学划分为一个乘务组，分组模拟登机前准备工作。

任务 1：应急设备检查（见表 3-7）。

表 3-7　各号位应急设备检查实操指导

号　位	操 作 标 准
1 号位 （乘务长）	指导动作：检查 L1 舱门及门区、乘务员座椅下、客舱的应急设备 指导语言：各号位乘务员进行客舱应急设备检查
2 号位 （头等舱乘务员）	指导动作：检查 R1 舱门及门区、乘务员座椅下方、洗手间应急设备 指导语言：报告乘务长，2 号位应急设备检查完毕，处于待用状态
3 号位 （区域乘务长）	指导动作：检查 L2 舱门及门区、乘务员座椅下应急设备 指导语言：报告乘务长，后舱应急设备检查完毕，处于待用状态
4 号位 （经济舱乘务员）	指导动作：检查 R2 舱门及门区、乘务员座椅下方应急设备 指导语言：4 号位应急设备检查完毕，处于待用状态
5 号位 （经济舱乘务员）	指导动作：翼上出口门区状态、客舱、乘务员座椅下方应急设备 指导语言：5 号位应急设备检查完毕，处于待用状态
6 号位 （经济舱乘务员）	指导动作：检查乘务员座椅下方、洗手间应急设备 指导语言：6 号位应急设备检查完毕，处于待用状态

任务 2：服务设备检查（见表 3-8）。

表 3-8　各号位服务设备检查实操指导

号　位	操 作 标 准
1 号位 （乘务长）	指导动作：检查头等舱旅客服务组件、行李架、遮光板、旅客座椅、小桌板等工作状态正常 指导语言：各号位乘务员进行客舱服务设备检查
2 号位 （头等舱乘务员）	指导动作：检查前厨房配电板、烤箱、烧水器、餐车刹车、固定锁扣、垃圾箱盖板工作正常，前洗手间马桶盖板、抽水、垃圾箱盖板工作正常、水流顺畅等 指导语言：报告乘务长，2 号位服务设备检查完毕，处于适航状态，报告完毕

续表

号 位	操作标准
3号位 （区域乘务长）	指导动作：检查经济舱旅客服务组件、行李架、遮光板、旅客座椅、小桌板等工作正常 指导语言：报告乘务长，后舱服务设备检查完毕，处于适航状态，报告完毕
4号位 （经济舱乘务员）	指导动作：检查后厨房配电板、烤箱、烧水器、餐车刹车、固定锁扣、垃圾箱盖板等工作正常 指导语言：4号位服务设备检查完毕，处于适航状态，报告完毕
5号位 （经济舱乘务员）	指导动作：检查经济舱旅客服务组件、行李架、遮光板、旅客座椅、小桌板等工作正常 指导语言：5号位服务设备检查完毕，处于适航状态，报告完毕
6号位 （经济舱乘务员）	指导动作：检查后舱洗手间马桶盖板、抽水、垃圾箱盖板工作正常、水流顺畅等 指导语言：6号位服务设备检查完毕，处于适航状态，报告完毕

任务3：机供品检查（见表3-9）。

表3-9 各号位机供品检查实操指导

号 位	操作标准
1号位 （乘务长）	指导动作：整理客舱的头片、安全带，协助检查前厨房机供品、服务用品 指导语言：各号位乘务员清点机供品及机上餐食
2号位 （头等舱乘务员）	指导动作：清点前厨房机供品、餐食数量及特殊餐食，洗手间物品摆放，纸巾折成三角形 指导语言：报告乘务长，前舱配有餐食××份（其中特殊餐食××份），报告完毕
3号位 （区域乘务长）	指导动作：整理客舱的头片、安全带，协助检查机供品等 指导语言：报告乘务长，经济舱机供品、服务用品齐全，配有餐食××份（其中××份特殊餐食），报告完毕
4号位 （经济舱乘务员）	指导动作：清点后厨房机供品、餐食数量及特殊餐食种类 指导语言：报告区域乘务长，经济舱配有餐食××份（其中××份特殊餐食），报告完毕
5号位 （经济舱乘务员）	指导动作：清点客舱服务用品（报纸、毛毯、枕头等），整理客舱的头片、安全带 指导语言：报告区域乘务长，经济舱配有报纸×份，毛毯、枕头配备×个，报告完毕

续表

号 位	操作标准
6号位 (经济舱乘务员)	指导动作:洗手间卫生用品清点及物品摆放,纸巾折成三角形 指导语言:报告区域乘务长,经济舱卫生用品配备齐全,报告完毕

任务4:客舱卫生检查(见表3-10)。

表3-10 各号位机客舱卫生检查实操指导

号 位	操作标准
1号位 (乘务长)	指导动作:检查头等舱遮光板、舱壁、座椅套、头片、安全带等卫生情况 指导语言:各号位乘务员进行客舱卫生检查
2号位 (头等舱乘务员)	指导动作:检查前厨房台面、烤箱、餐车等卫生情况,垃圾箱内垃圾袋是否更换;前洗手间台面、镜面、水池、马桶等卫生情况,垃圾箱内垃圾袋是否更换 指导语言:报告乘务长,2号位厨房、洗手间卫生检查完毕,干净整洁,报告完毕
3号位 (区域乘务长)	指导动作:检查经济舱遮光板、舱壁、座椅套、头片、安全带等卫生情况 指导语言:报告乘务长,后舱卫生检查完毕,干净整洁,报告完毕
4号位 (经济舱乘务员)	指导动作:检查后厨房台面、烤箱、餐车等卫生情况,垃圾箱内垃圾袋是否更换 指导语言:4号位厨房卫生检查完毕,干净整洁,报告完毕
5号位 (经济舱乘务员)	指导动作:检查经济舱遮光板、舱壁、座椅套、头片、安全带等卫生情况 指导语言:5号位客舱卫生检查完毕,干净整洁,报告完毕
6号位 (经济舱乘务员)	指导动作:后洗手间台面、镜面、水池、马桶等卫生情况,垃圾箱内垃圾袋是否更换 指导语言:6号位洗手间卫生检查完毕,干净整洁,报告完毕

任务5:客舱清舱检查(见表3-11)。

表3-11 各号位客舱清舱检查实操指导

号 位	操作标准
1号位 (乘务长)	指导动作:对头等舱行李架内和旅客座椅上、下及前方座椅口袋内等进行清舱检查 指导语言:各号位乘务员进行客舱清舱检查

续表

号 位	操 作 标 准
2号位 (头等舱乘务员)	指导动作:对前舱衣帽间、厨房、洗手间进行清舱检查 指导语言:报告乘务长,2号位厨房、洗手间清舱完毕,无外来人、无外来物,报告完毕
3号位 (区域乘务长)	指导动作:对经济舱行李架内和旅客座椅上、下及前方座椅口袋内等进行清舱检查 指导语言:报告乘务长,经济舱清舱完毕,无外来人、无外来物,报告完毕
4号位 (经济舱乘务员)	指导动作:对后舱厨房所有可打开的区域进行清舱检查 指导语言:4号位厨房清舱完毕,无外来人、无外来物,报告完毕
5号位 (经济舱乘务员)	指导动作:对经济舱行李架内和旅客座椅上、下及前方座椅口袋内等进行清舱检查 指导语言:5号位客舱清舱完毕,无外来人、无外来物,报告完毕
6号位 (经济舱乘务员)	指导动作:对后舱洗手间内进行清洁检查 指导语言:6号位洗手间清舱完毕,无外来人、无外来物,报告完毕

任务6:旅客登机前准备(见表3-12)。

表3-12 各号位旅客登机前准备实操指导

号 位	操 作 标 准
1号位 (乘务长)	指导语言:报告机长,客舱准备完毕,可否正常登机;乘务员各就各位,旅客即将登机 指导动作:整理仪容仪表,按标准站位,准备迎接旅客登机
2号位 (头等舱乘务员)	指导动作:整理仪容仪表,按标准站位,准备迎接旅客登机
3号位 (区域乘务长)	指导动作:整理仪容仪表,按标准站位,准备迎接旅客登机
4号位 (经济舱乘务员)	指导动作:整理仪容仪表,按标准站位,准备迎接旅客登机
5号位 (经济舱乘务员)	指导动作:整理仪容仪表,按标准站位,准备迎接旅客登机
6号位 (经济舱乘务员)	指导动作:整理仪容仪表,按标准站位,准备迎接旅客登机

项目四 客舱服务实施阶段

项目目标

通过学习,学生能够了解客舱服务实施阶段的详细操作过程。

○ 知识目标

1. 了解迎送服务的作用并掌握迎送服务要点;
2. 了解广播服务的重要性和广播要求;
3. 了解餐饮服务的意义并掌握餐饮服务要点;
4. 了解机上娱乐服务要点。

○ 素质(思政)目标

1. 培养学生具有良好的沟通交流能力;
2. 培养学生具有良好的工作态度;
3. 培养学生具有节约资源、倡导绿色行动的意识。

知识框架

项目引入

客舱服务实施阶段,是指旅客登机至旅客下机之间该航段服务工作完成的过程,此阶段乘务员全面实施安全、服务工作,工作质量的好坏直接关系航空公司的形象和利益,是乘务员与旅客频繁接触、展现空中服务品质的重要保障环节。

任务一　迎客服务

旅客一般在航班起飞前30~40分钟开始登机,乘务员应面带微笑使用敬语主动表达问候,以热情洋溢和饱满的精神状态迎接旅客登机。在迎客的过程中,乘务员除了展现礼仪文化外,还要从岗位工作职责和工作内容开展引导旅客入座、协助旅客行李摆放、及时疏通过道保障旅客登机顺畅、安全出口座位确认、特殊旅客服务、两舱服务等工作,掌握旅客心理需求,提供多元化品质服务。

一、迎客前准备

（一）检查形象（见图 4-1）

迎客前,乘务员应根据仪容仪表、服饰着装等要求,进行自查或互查,应及时对妆容、发型、服饰等进行整理,以保持良好的精神面貌,展现端庄规范的服务形象。

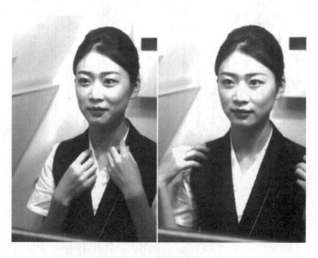

图 4-1　检查形象

■ 知识链接

首因效应

"首因效应",又称"第一印象效应"。心理学研究表明,与一个人初次会面时,7秒钟内产生的第一印象至关重要。因为这个第一印象一旦形成,它就能在对方的头脑中占据主导地位,并持续较长时间。在交友、招聘、求职等社交活动中,我们可以利用这种效应,展示给对方一种良好的第一印象,以便为日后的交流打下良好的基础。在第一印象形成的过程中,非语言因素的影响高达93%,言谈内容占7%,乘务员应充分利用首因效应,把握好"七秒"的黄金印象期,充分展示完美的职业形象,赢得旅客的认同。

(二)检查客舱卫生(见图4-2)

乘务组在进行客舱卫生检查时主要集中在客舱区域的头等舱、公务舱、经济舱、服务间、洗手间等,对于清洁质量的检查可采用白毛巾验收法。

图 4-2　检查客舱卫生

1 客舱区域

应确保客舱区域的头等舱、公务舱、经济舱无异味,客舱地板、隔帘、客舱壁板、行李架无异物、无污渍。

客舱区域的检查重点：所有座椅上的安全带、座椅扶手表面及两侧、小桌板及支架、座椅设备的各类凹槽（如扶手凹槽、遥控器凹槽）、侧壁板、旅客服务组件、舷窗表面及遮光板、行李架表面。

2 洗手间区域

洗手间区域应确保台面、镜面目测看不到水渍、污渍，用白色湿毛巾擦拭表面，无明显污渍；马桶已放洁厕剂，污水已排空；地板卫生良好，垃圾袋已更换。

洗手间区域的检查重点：门表面及把手、卫生间壁板、扶手、婴儿辅助面板、镜子、通风孔、洗手池台面、洗手液支架、卫生间地板、卫生间马桶、卫生间垃圾桶。

3 服务间区域

前后服务间区域应确保垃圾袋已更换、厨房壁板清洁、台面无明显污渍。

4 座椅后袋物品摆放与检查

座椅后袋物品摆放顺序为安全须知、清洁袋、杂志；出口座位还需检查出口座位须知卡；配有电视设备的机型需检查电视指南卡或者遥控器使用说明及机上节目单。

■ 知识链接

白毛巾验收法

乘务员在航前客舱清洁工作完成后，对客舱、服务间和卫生间等关键区域使用白色湿毛巾（潮湿程度以毛巾湿润但拧不出水为标准）进行擦拭抽查，以白毛巾无明显污渍、无色差为验收合格标准：头等舱、公务舱、经济舱分开抽查，客舱区域涉及的关键部位各抽查至少8处，前后舱至少各检查一个洗手间涉及的各项关键部位。在抽查过程中，如发现未达到验收合格标准的部位，乘务员应当场要求清洁人员对不合格位置进行二次清洁，直至符合标准为止，当班乘务长方可在航前客舱清洁卫生检查相关单据上签字。如客舱清洁质量较差，多次整改仍不合格，为保障航班正常起飞，根据当时的保障时间要求，乘务长可拒绝在客舱清洁卫生检查相关单据上签字，并将航前客舱清洁验收不合格的项目在乘务日志中进行反馈。

（三）确认客舱状态

旅客登机前，乘务员应按照安全运行管理规定确认客舱内无除飞行人员外的人和物品，打开客舱内所有行李架（关闭头等舱行李架、存放应急设备的行李架），锁闭卫生间，确保客舱卫生环境干净、整洁，营造一个洁净、舒适的客舱环境。

各项准备工作完成后，进行客舱清舱，检查机上无外来人、无外来物，向乘务长汇报客舱准备完毕，乘务长请示机长客舱准备完毕，是否允许旅客登机。

（四）播放乐曲

登机音乐以营造客舱轻松、欢快的氛围为主，乘务员通过机载设备，以音频或视频形式播放航空公司指定的登机音乐，播放时音量适中，以不影响两名旅客交谈为宜，旅客登机结束后关闭登机音乐。

（五）营造客舱环境

（1）客舱灯光一般调至明亮状态。
（2）客舱温度一般保持在22～24 ℃，以旅客体感舒适为宜。

（六）乘务员站位（见图4-3）

乘务员应根据公司的规定及不同机型的号位分工站在指定的区域位置迎客，站姿端正、面带亲切笑容，等候旅客登机。

图4-3　乘务员站迎旅客登机

■ 知识链接

乘务员迎客站位分布差异

乘务员迎客站位根据各公司的规定及不同机型的分布安排有所差异，如中国国际航空公司 A320 机型，在开启不同舱门迎客时乘务员迎客站位有所调整。

航班开 L1 舱门接廊桥、客梯车时站位分布如表 4-1 所示。

表 4-1　航班开 L1 舱门接廊桥、客梯车时站位分布

号　位	迎　宾　位
PS1	L1 舱门内侧（前厨房区域范围内）
FS2	头等舱 2 排 D 座
SS3	经济舱 4 排 D 座
TS4	R2 舱门洗手间旁
SS5	经济舱倒数第 3 排
SS6	紧急出口处 D 座

航班开 L1、L2 舱门接客梯车时站位分布如表 4-2 所示。

表 4-2　航班开 L1、L2 舱门接客梯车时站位分布

号　位	迎　宾　位
PS1	L1 舱门内侧（前厨房区域范围内）
FS2	头等舱 2 排 D 座
SS3	L2 舱门内侧（后厨房区域范围内）
TS4	经济舱 4 排 D 座
SS5	经济舱倒数第 3 排
SS6	紧急出口处 D 座

■ 知识链接

乘务员为何站在客舱右侧迎客

中国自古以来就是礼仪大国，从东汉至唐宋，逐渐奉行"左尊右卑"的制度，两人并排站立时以左为大，"礼让"延续传承逐渐实行右侧行驶的交通运行规则，迎客时乘务员与旅客面朝机头方向并行站立时位于右侧，突显旅客作为消费者的尊贵身份。登机过程中，旅客背向机头方向靠过道右侧行走，视线覆盖范围第一时间可以掌握客舱状态，乘务员靠过道左侧站立迎接，让出空间更便于客舱内旅客通行。

乘务员迎客的站立方向既从礼仪表现角度出发，同时兼顾交通运行安全规则，充分体现航空公司的服务"品质至上"的理念。

（七）两舱服务准备

两舱服务对象是指购买头等舱和公务舱的旅客。在两舱旅客登机前，乘务员需要做好以下准备工作。

1 准备饮品

乘务员应根据航线准备迎宾酒和饮料,使用专用酒杯或普通玻璃杯,确保杯内外清洁、完好无损。

2 准备湿毛巾或湿纸巾

乘务员应根据不同季节控制水温,预先湿润毛巾或湿纸巾,以挤压不出水为宜。将湿毛巾或湿纸巾放于专用的毛巾篮或瓷盘内,摆放整齐、美观,确保湿毛巾或湿纸巾不变形。

3 整理衣帽间

乘务员应保持衣帽间整洁、无杂物,准备好衣架和挂识牌。

4 了解信息

乘务员应根据地面服务人员提供的两舱旅客名单,事先了解并记住旅客的基础信息,突显服务的亲切与个性化,表达对两舱旅客的尊敬之意。

二、迎客服务要点

(一)迎接旅客

1 迎客礼(见图 4-4)

当旅客进入客舱,乘务员面带微笑、上身倾向鞠躬礼主动迎接旅客的到来。客舱迎送礼仪的四大规范:优雅的站位、亲切的问候、真诚的鞠躬、正确的指引。迎客礼以站姿为基础,主动问候旅客,最后对旅客进行鞠躬和指引,要做到"微笑到、视线到、语言到、动作到",以表达对旅客的尊敬和诚意。

(1)站姿:女乘务员可以采用"丁"字步(双脚呈"丁"字形,即一脚向正前方,后脚脚踝靠在前一只脚的脚跟处)和"V"字步(两脚脚跟并拢,两脚脚尖张开呈 45°),双手虎口交叉,大拇指内扣,右手在上、左手在下,自然贴于肚脐下方两指的位置,保持抬头、微笑、挺胸、收腹、双肩舒展的状态;男乘务员可以采取前握式和后握式两种方式,两脚张开与肩同宽,右手在前腹握住左手手腕处,同样保持抬头、微笑、挺胸、收腹、双肩舒展的状态。

(2)鞠躬:在站姿的基础上,弯腰时以腰部为轴,头颈部呈一条直线慢下慢起,同时应面带微笑,目光也随鞠躬自然下垂,表示一种谦恭的态度。切记鞠躬时动作和语言不可同步进行,最好先言后礼,迎客时可采用 15°或 30°的鞠躬礼,45°鞠躬多用于表示深深的感谢或致歉。

(3)指引:在站姿的基础上,指示方向时五指并拢,根据指示距离的远近调整手臂的高度,身体、视线也应随手的打开、指示而自然转动、移动。

图 4-4 迎客礼

■ 知识链接

> 鞠躬礼的由来

"鞠躬"起源于中国商代的一种祭天仪式——鞠祭。即祭品牛、羊等不切成块,而是将其整体弯卷成圆的鞠形,再摆到祭台祭奉,以此来表达祭祀者的恭敬与虔诚。这种习俗在一些地方一直保留到现在,人们在现实生活中,逐步沿用这种形式来表达尊敬、谢意、致歉等常用礼节。

2 主动问候

旅客进入舱门时,乘务员可用"您好,欢迎登机""您好,欢迎您乘坐本次航班"等礼貌用语热情、主动地问候每一位旅客。问候时,应注意使用标准的普通话、亲切自然的语气,语调略微上扬。如遇外籍旅客,原则上使用英语向旅客主动问候,或确认旅客的国籍使用其母语问候,常常会带给旅客额外的欣喜及人性化体验。

不同站位的乘务员问候的方式也不一致。舱门口区域的乘务员一般采用"早上好,欢迎您乘坐××航空的航班";头等舱乘务员一般采用"早上好,欢迎乘机,您的座位号码在行李架边缘,请对号入座";客舱内的其他号位乘务员一般采用"早上好,欢迎乘机,找到座位的旅客请尽快入座,以方便后面的旅客通行"。

3 空间距离

迎客时,乘务员应与旅客有适当的眼神交流,站立位置保持在最佳人际交往距离,确认过道畅通无阻。

■ **知识链接**

空间距离

美国人类学家霍尔通过研究后,提出:在沟通时,互动双方空间由近及远可以分为亲密距离、个人距离、社交距离和公众距离(见表4-3)。

表4-3 不同关系之间的空间距离

关系程度	距离长度	表现形式
亲密距离	0~45厘米	该距离是高度私密的,适合夫妻、情侣、父母与子女及知己密友。沟通时,更多地依赖触觉,而不是视觉和听觉
个人距离	46~120厘米	在非正式场合下,适合朋友和熟人之间的交谈、聚会等。沟通时,身体接触有限,主要依赖视觉和听觉
社交距离	121~360厘米	适合正式的社交活动、商业会谈、职场交往等。沟通时,需要更清楚的语言表达和充分的目光接触
公众距离	361~760厘米	适合陌生人之间、演讲者与公众之间的沟通等。对于沟通时距离的处理,除了受相互了解和亲密程度的影响,还会受文化背景、社会地位、性别等因素的制约

(二)引导入座

1 语言引导

乘务员面带微笑,主动上前询问并查看旅客登机牌上的座位号,告知旅客其座位在客舱内的大致方位,如"您的座位位于客舱前/中/后部,左/右侧"(见图4-5)。

2 手势引导

乘务员进行手势引导时,五指并拢,小臂带动大臂,手心朝向旅客微斜,指示座位,并说"这是您的座位"。乘务员可根据指示距离远近调整手臂弯曲程度,身体随着手的方向自然转动,目光与所指方向保持一致。

图 4-5 手势引导

■ 知识链接

手势礼仪

手势可以反映一个人的修养、性格。所以，在人际交往中要注意手势的幅度、次数和力度等。

手势礼仪一：幅度适中。在社交场合，应注意手势的大小幅度。手势的上界一般不应超过对方的视线，下界不得低于自己的胸区。左右摆的范围不要太宽，应在人的胸前或右方进行。一般场合，手势动作幅度不宜过大，次数不宜过多，不宜重复。

手势礼仪二：自然亲切。与人交往时，多用柔和的曲线条手势，少用生硬的直线条手势，以求拉近相互间的心理距离。

手势礼仪三：避免不良手势。例如：①与人交谈时，讲到自己不要用手指自己的鼻尖，而应将手掌按在胸口上；②谈到别人时，不可用手指别人，更忌讳背后对人指指点点等不礼貌的手势；③避免抓头发、玩饰物、掏鼻孔、拉袖子等手势动作。

（三）协助旅客行李摆放

引导旅客入座时，应先确认旅客信息（见图4-6），然后主动协助或帮助有需要的旅客将行李摆放在行李架等中国民用航空局批准的储藏区域内。乘务员要时时关注行李架状态，及时整理提供摆放空间，帮助安放行李时必须将具体位置明确告知旅客，提醒避免错拿。

图4-6　确认旅客信息

1 注意事项

（1）所有旅客的手提行李应放置在许可的储藏区域内，确保其不会对旅客通过或穿越通道产生障碍，也不会影响紧急出口的使用。对于不符合尺寸、重量要求的手提行李要及时通知带班乘务长，交由地面工作人员办理托运。

（2）放置在旅客座位下的行李必须符合尺寸、重量要求并固定好，防止行李物品在紧急着陆时所产生的极限惯性作用下从侧面滑到通道上。

（3）手提行李不得置于影响机组人员接近应急设备或阻挡旅客看到信号标示的任何区域。

（4）存放应急设备的区域均不得放置其他任何物品，同时乘务员在航班中应加强对这些区域的监控。

（5）不封闭的衣帽间仅用于悬挂衣物，折叠式婴儿车、折叠式轮椅等行李必须放置在可以锁闭的衣帽间内。

（6）为旅客保管冷藏食品，要了解冷藏的要求，冷藏食品应独立存放，如果无法满足冷藏要求时应向旅客说明情况。药品不得冷藏在厨房区域内，可提供冰块让旅客自行保管。

（7）及时提醒旅客看管自己的行李，自行保管贵重及易碎物品，乘务员为旅客保管的物品要做到全程负责。

2 行业规范

中国民用航空局批准的国内航班手提行李规格如表 4-4 所示。

表 4-4　国内航班手提行李规格

舱　　位	携带数量	携带要求
头等舱	2 件	每位旅客手提行李总重量≤5千克，每件行李体积不超过 20 厘米×40 厘米×55 厘米
公务舱	2 件	
经济舱	1 件	

在上述手提行李额度之外，还可以免费携带以下随身物品：一个小型手提包或背包或公文包；一件大衣或披肩、毯子；一把雨伞或一根手杖；一个笔记本电脑；一个小型相机；婴儿在飞机上的食物；一个折叠式婴儿车；一个折叠式轮椅等。

中国民用航空局批准的国内航班手提行李存储区域有：行李架内；旅客座位下部至前限制区域和侧面到靠通道座位限制区域；衣帽间封闭区域。

（四）疏通过道（见图 4-7）

为了尽可能地缩短旅客登机所耗费的时间，迎客时，每一位乘务员都应该主动承担起"疏导"职责，做到眼明手快、灵活应对。

注意事项：

（1）时刻关注过道上的旅客，在第一时间找到堵塞点。

（2）旅客大多因放置行李或寻找座位而占据通道，只有找到堵塞的原因，才能采取相应的疏通措施。

（3）针对原因，灵活应对。

（4）对于旅客的配合及时给予感谢。

图 4-7　疏通过道

(五)紧急出口介绍(见图4-8)

在登机时,非学员的最低号位乘务员要对坐在紧急出口的旅客进行介绍,确保坐在紧急出口座位的旅客知晓其职责,并掌握紧急出口开启的时机、方法及撤离的方向和方式,能顺利地协助机组完成组织撤离,负责出口座位的责任乘务员应对坐在紧急出口座位的旅客进行紧急出口介绍。

图 4-8　紧急出口介绍

1 紧急出口座位的定义

紧急出口座位是指旅客从该座位可以不绕过障碍物直接到达出口的座位,以及旅客到达出口必经之路的成排座位中从出口到最近过道的座位。

2 紧急出口座位的分布

(1) B737-700 机型:紧急出口第 1 排座位。

(2) B737-800 机型:紧急出口第 2 排座位。

(3) B767-300 机型:Y1 舱第 1 排 ACHK 座位、Y2 舱第 1 排 ACDEGHK 座位。

(4) B787 机型:Y2 舱第 1 排 ABCHJK 座位。

(5) A330-200 机型:Y2 舱第 1 排 ACHK 座位。

(6) A330-300 机型:Y2 舱第 1 排 ACHK 座位。

(7) A330-300(C 舱反鱼骨式座椅)机型:Y1 舱第 1 排 ACHK 座位,Y2 舱第 2 排 ACHK 座位。

■ 知识链接

> 紧急出口座位旅客应具备的能力

(1) 确认紧急出口的位置。

(2) 辨认紧急出口开启装置。

(3) 理解操作紧急出口的指示。

(4) 操作紧急出口。

(5) 评估打开紧急出口是否会增加由于暴露旅客而带来的伤害。

(6) 遵循机组成员给予的口头指示或手势。
(7) 收起或固定紧急出口舱门,以便不妨碍使用该出口。
(8) 评估滑梯的状态,操作滑梯,并在其展开后稳定滑梯,协助他人从滑梯离开。
(9) 迅速地通过紧急出口。
(10) 评估、选择和沿着安全线路从紧急出口离开。

■ **知识链接**

禁止入座紧急出口座位的旅客

(1) 年龄不满15周岁的旅客。
(2) 携带婴儿(儿童)的旅客、65周岁(含)以上的老人,以及伤、残、病、障、孕等旅客。
(3) 须使用加长安全带的旅客。
(4) 双臂、双手、双腿缺乏足够的运动功能、体力或灵活性。
(5) 该旅客缺乏阅读和理解出口座位旅客须知卡、安全须知,或缺乏理解机组成员的口述指导能力。
(6) 该旅客的视力必须通过除隐形眼镜或普通眼镜以外视觉器材的帮助才能达到足够的视觉能力。
(7) 该旅客的听力必须通过除助听器以外器材的帮助才能达到足够的听觉能力。
(8) 该旅客缺乏足够的将口头信息转达给其他旅客的能力。
(9) 在所运行的航线上没有指派相应国家所用语言的客舱乘务员时,没有汉语或英语能力的旅客。
(10) 其他不适合安排在紧急出口座位的旅客。

3 紧急出口位置安排原则

(1) 根据中国民航规章 CCAR-121 第 593 条的要求,坐在紧急出口座位的旅客,在发生紧急撤离时应能够协助机组成员做好相应工作。
(2) 在每个出口座位背后的口袋里必须备有出口座位须知,客舱乘务员应在飞机起飞前提示出口座位旅客进行阅读,以便于进行自我对照。为保证这些旅客能够履行这些责任,起飞前的调查是必要的,确保该位置旅客须具备相应要求的能力(所有被分配在这些区域座位上的旅客,应由地面值机人员做口头调查)。

4 完整版紧急出口介绍

先生/女士,您好!您现在所坐的是紧急出口的位置,请允许我为您介绍一下紧急出口的注意事项。
(1) 这是紧急出口的操作手柄(向旅客示意),正常情况下,请您不要触碰,并帮助我们监督,不要让其他旅客触碰。
(2) 在紧急情况下,您愿意作为我们的援助者,听从机组人员的指挥,打开这个紧急出口,协助旅客撤离吗?

(3)非地板高度出口的打开方式:向下拉动手柄就可以打开此门;陆地撤离时,请您指挥旅客从这里出去,沿机翼上的箭头向机尾方向坐滑梯下机,并快速远离飞机。为了避免受伤,请注意提示旅客不要跳下飞机;水上撤离时提示旅客给救生衣充气再上船。

(4)地板高度出口打开方式:B737机型为将舱门操作手柄沿箭头方向旋转180°,向外将门推开;A320机型为将舱门操作手柄向上抬起,向外将门推开。

(5)请您在起飞前仔细阅读出口座位须知卡中紧急撤离时的路线和方式,以及相关职责。

(6)出口附近不能放任何行李,也请您不要随意调换座位。

(7)如果您不愿意坐在这里或是不能履行紧急情况时的职责,请您通知我们,我们会为您调换座位。

(8)先生/女士,我所说的内容,您是否完全理解?请问您愿意坐在这个位置吗?(若旅客未给出肯定答复,需及时为旅客调换座位)

(9)稍后,我们将播放安全演示的录像/做安全演示,请您认真观看,谢谢!

5　简洁版紧急出口介绍

女士/先生,您好!

您所坐的是本架飞机的紧急出口座位,在此区域不要摆放任何行李物品。正常情况下请勿触动舱门操作手柄,在紧急情况下您愿意协助我们打开这个紧急出口,协助旅客撤离吗?这是紧急出口座位须知卡,请您仔细阅读。如果您有任何问题,请联系我们,谢谢!

Ladies and gentlemen,

Here is the emergency exit seat of this aircraft. Emergency exit area should be clear of baggage. Please don't touch the exit control handle in normal situation. Would you like to help us by opening this exit and help other passengers evacuate? Here is the emergency exit safety instruction, please read it carefully. If you have any questions, please contact us. Thank you!

当紧急出口座位旅客按紧急出口座位须知卡或者客舱乘务员向旅客进行简洁的自我介绍时,有下列情形之一时可以向机组成员要求调换座位。

(1)属于不宜坐在紧急出口座位的。

(2)不能确定自己是否具备相应能力的。

(3)为了履行紧急出口座位处的职责有可能伤害其身体的。

(4)不能履行紧急出口座位处可能要求其履行的职责的。

(5)由于语言、理解等原因,不能理解紧急出口座位须知卡内容和机组成员讲解内容的。

6　紧急出口座位旅客的调换

(1)如果安排在紧急出口座位上的旅客很可能没有能力履行紧急出口座位的责任,或者旅客自己要求不坐在紧急出口座位时,客舱乘务员应当立即将该旅客重新安排在非紧急出口的座位。在非紧急出口座位已满员的情况下,如果需要将一位旅客从紧急出口座位调出,客舱乘务员应当将一位愿意并能够完成紧急撤离功能的旅客调到紧急出口座位上。

(2)如需调整紧急出口座位,应依照以下顺序优先安排:①公司加机组人员;②公司加机组以外的内部员工;③曾多次坐在紧急出口座位的旅客;④非第一次搭乘民航航班的旅客。

7 注意事项

(1)紧急出口座位责任乘务员在旅客入座后第一时间到达旅客座位旁,逐一进行紧急出口座位目视评估,确认旅客是否符合坐在紧急出口座位的基本条件。

(2)询问确认紧急出口座位旅客是否愿意履行相应的责任和义务,请旅客仔细阅读本架飞机紧急出口座位须知卡及机型安全须知卡。如遇旅客提出异议,必须将旅客安排至其他非紧急出口座位,并不得要求其说明理由。

(3)完整地向旅客介绍紧急出口座位的注意事项和紧急情况下的操作方法等,并确认该旅客已明确上述全部内容。

(4)责任乘务员主动帮助旅客安放随身行李物品并口头提醒贵重物品取出自行保管。

(5)在舱门关闭前,及时将紧急出口座位确认情况汇报给带班乘务长。

(6)责任乘务员飞行全程中将进行实时监控。

(六)核对人数

责任乘务员使用计数器对已登机旅客人数进行清点(见图4-9)。

注意事项:

(1)责任乘务员清点人数时应做到目光亲切、表情自然,向旅客点头示意。

(2)带班乘务长必须确认旅客人数与舱单、载重平衡表、地服人员核对保持一致后才可关闭舱门。

(3)出现旅客人数不符时应快速重新核算旅客人数,避免导致航班延误的事件发生。

(4)清点过程中特别关注携带儿童、婴儿的旅客及洗手间内的旅客状态。

(5)因延误、备降等特殊情况再次登机时,带班乘务长应确认旅客人数是否存在变动。

(6)全部旅客登机结束后,窄体机应在3分钟内清点完毕,宽体机应在5分钟内清点完毕。

图4-9 清点旅客人数

(七)特殊服务

特殊旅客是乘务员服务工作关注的重点对象,他们会及时帮助特殊旅客登机、引导入座、行李摆放、提供毛毯/枕头等物品,必要时向特殊旅客介绍机上布局、紧急设备及乘机注意事项(见图4-10)。

图 4-10 特殊旅客服务

（八）两舱服务

头等舱、商务舱旅客登机时，乘务员应主动上前迎候。迎候时，应根据旅客名单或登机牌旅客姓名显示使用姓氏服务或职务称呼，主动帮其提拿行李并摆放，准确引导他们入座。随后，乘务员向旅客做简短的自我介绍。

■ 知识链接

国内部分航空公司对高端旅客提供姓氏服务

国内多家航空公司地面值机柜台、贵宾休息室、头等舱、公务舱服务人员对公司 VIP 客户、金卡银卡、高端旅客提供姓氏服务，旅客表示姓氏服务有宾至如归的感觉，航空公司也会由此争取到一些常旅客。航空公司可以通过细致的服务，将个性化品牌建设发展策略推向新高度。

（1）存放衣物。旅客递交衣物给乘务员委托存放时，乘务员应检查确认衣物是否有污损并提醒旅客将贵重物品取出，自行保管；使用挂识牌，做好座位号的记录；航程中妥善保管衣物，避免污损。

（2）提供湿毛巾、湿纸巾和迎宾饮料。旅客入座后，及时提供湿毛巾、湿纸巾；旅客使用完毕后，征求同意，及时收回使用过的湿毛巾、湿纸巾；提供迎宾饮料时，先摆上杯垫，将饮料杯置于杯垫上；飞机起飞前，征得旅客同意后收回饮料杯。

（3）提供报纸杂志。发放报纸杂志时，应主动向旅客介绍配备的种类；根据光线情况，征求旅客同意并打开阅读灯。

（4）提供拖鞋。头等舱、商务舱旅客登机后，乘务员为其提供拖鞋，主动询问旅客是否需要更换，征得同意后主动打开外包装将拖鞋送至旅客手中或放置于座椅前地板上；协助旅客将换下的鞋子固定在座位下行李挡板内，妥善存放。

任务小结

在迎客服务中,要保持良好的职业素养,掌握迎客服务的流程,重点关注旅客入座的引导,以防止旅客行李安放违反客舱安全管理的规定,以及对紧急出口座位旅客的评估和安全介绍。

思考题

1. 简述客舱卫生检查的重点范围。
2. 航班开 L1 舱门接廊桥、客梯车时乘务员迎客站位分布是什么?
3. 紧急出口介绍的中英文内容是什么?

任务二 起飞前的客舱安全工作

"保证安全第一,改善服务工作,争取飞行正常"是我国民航安全工作的指导思想。没有客舱安全的保障就更不用说提供优质的客舱服务,保证客舱的安全是民航工作的根本和前提。

旅客登机结束后,乘务员应及时清点机上旅客人数,旅客人数清点无误并且确认机上所有的清洁、供餐和飞机维修人员离机后,方可进行起飞前的客舱安全工作,包括:关闭舱门、滑梯预位、安全演示、起飞前的安全检查、静默 30 秒。

一、关闭舱门

(一)关门前确认

(1)地面服务员通知旅客已全部登机。
(2)机组人员到齐,完成飞行机组与乘务组之间、乘务组内部的信息传递。
(3)机供品、餐食齐全。
(4)舱内所有行李已存放在规定区域。
(5)特殊旅客不坐在紧急出口座位,关闭舱门前再次确认客舱内婴幼儿旅客座椅上方是否有充足的氧气面罩分布,如果关舱门前由于安排旅客座位、行李等客观原因无法完成该项安全程序,则在起飞前务必完成。
(6)文件、单据齐全(国际航线单据、总申报单、舱单、货单、随机卫生检疫证明及各种文件齐备,且边防已放行)。
(7)机上无外来物品。

（二）机上有无外来人员确认

(1) 乘务长进行机上广播"舱门即将关闭，地勤人员请下机"。

(2) 乘务长用内话呼叫全体乘务员，由前至后逐一确认"各号位乘务员确认各自区域有无外来人员"。前舱乘务员直接当面汇报"报告乘务长，前舱无外来人员"；后舱乘务员用内话汇报"报告乘务长，后舱无外来人员"。

(3) 乘务长向机长汇报机上旅客的人数情况，请示机长是否可以关闭舱门，在得到允许后方可关闭舱门。

（三）B737-800 机型飞机的舱门关闭程序

舱门操作应严格按照口令进行双人制操作，要求口到、心到、眼到、手到，不得遗漏程序和口令，不得代操作（见图 4-11）。

(1) 收起安全警示带。

(2) 确认门内外无障碍物。

(3) 按下阵风锁。

(4) 握住舱门辅助手柄，向内拉动舱门，直至完全进入门框内。

(5) 顺时针转动舱门手柄，并按压至关位。

(6) 确认门框内无夹杂物。

（四）A320 机型飞机的舱门关闭程序

舱门操作应严格按照口令进行双人制操作，要求口到、心到、眼到、手到，不得遗漏程序和口令，不得代操作（见图 4-12）。

图 4-11　关闭舱门（B737-800 机型）

图 4-12　关闭舱门（A320 机型）

(1) 收起安全警示带。
(2) 确认门内外无障碍物。
(3) 按下阵风锁。
(4) 握住舱门辅助手柄,向内拉动舱门,直至完全进入门框内。
(5) 将舱门操作手柄下压至关位。
(6) 确认门锁指示器显示绿色 LOCK 标志。
(7) 确认门框内无夹杂物。

二、滑梯预位

（一）滑梯预位的要求

(1) 乘务长在关闭舱门后下达操作滑梯预位口令"各号位乘务员请将滑梯预位,并做交叉检查",舱门第一责任人须回服务间操作滑梯。
(2) 应严格按照口令进行操作,不得遗漏程序和口令,不得代为操作。
(3) 乘务长发布预位口令要及时准确、富有权威性,乘务员能够清晰地接收到乘务长发出的工作口令。
(4) 涉及乘务员的口令回复不仅要做到彼此之间倾听清楚,还要确保周围旅客(最近一排旅客)倾听清晰,加强旅客安全感,以备调查取证。

（二）B737-800 机型飞机的舱门滑梯预位

B737-800 机型飞机的舱门滑梯预位见图 4-13。

(1) 乘务长通过公共广播(PA)形式发布滑梯操作口令"各号位乘务员就位,滑梯预位,确认检查"。
(2) 各门区乘务员同时按以下步骤将滑梯预位(口令、动作):将红色警示带斜挂于观察窗;将滑梯杆从滑梯包挂钩上取下;固定在地板支架内;交叉互检确认滑梯预位。
(3) 滑梯操作完毕后,各门区乘务员须到另一个舱门处进行滑梯预位检查。操作 L1 舱门滑梯预位的乘务员检查 R1 舱门滑梯预位情况,操作 L2 舱门滑梯预位的乘务员检查 R2 舱门滑梯预位情况,以此类推。
(4) 滑梯预位检查顺序应从上至下,目视红色警示带斜挂于观察窗,滑梯杆在地板支架内扣牢(用脚轻踩)。

图 4-13　舱门滑梯预位(B737-800 机型)

(5)滑梯预位检查完毕后立即进行报告"××门预位完毕",后舱乘务员用内话报告乘务长"后舱舱门滑梯预位完毕"。

(三)A320机型飞机的舱门滑梯预位

图 4-14 舱门滑梯预位(A320 机型)

A320 机型飞机的舱门滑梯预位见图 4-14。

(1)乘务长通过公共广播(PA)形式发布滑梯操作口令"各号位乘务员就位,滑梯预位,确认检查"。

(2)各门区乘务员同时按以下步骤将滑梯预位(口令、动作):拔出安全销放到存放位,收起红色警示带;将滑梯预位手柄操作至红色 ARMED 位;确认检查。

(3)各门区乘务员将滑梯操作完毕后须到另一个舱门处进行滑梯预位检查。操作 L1 舱门滑梯预位的乘务员检查 R1 舱门滑梯预位情况,操作 L2 舱门滑梯预位的乘务员检查 R2 舱门滑梯预位情况,以此类推。

(4)滑梯预位检查顺序应从上至下,目视安全销在存放位,红色警示带收起,确认滑梯预位手柄在红色 ARMED 位。

(5)滑梯预位检查完毕后立即进行报告"××门预位完毕",后舱乘务员用内话报告乘务长"后舱舱门滑梯预位完毕"。

三、安全演示

《大型飞机公共航空运输承运人运行合格审定规则》规定,机组成员必须向旅客演示和解释紧急出口、安全带、氧气面罩等安全设备的位置、使用方法等。目前,在拥有先进客舱设施的飞机上一般都会进行录像安全演示,如无视频系统的机型必须进行人工安全演示,安全演示时,乘务员的站位为 F 舱第 1 排、Y 舱第 1 排、紧急出口第 1 排等(见图 4-15)。

(一)演示前准备

滑梯预位互检完毕后,做安全演示的各号位乘务员在前服务间集合,演示前再次确认包内物品,打开安全演示用具包拉链,保证演示时用品齐全,并且干净、整齐,方便取用。安全须知卡需平整地放在安全演示用具包内,当安全须知卡出现褶皱时,需及时更换。

(1)国内航线无救生衣时,统一右手拎拿安全演示用具包,左手自然垂放于身体一侧。

(2)国际航线有救生衣时,统一右手拎拿安全演示用具包,左手拿救生衣。救生衣的腰带应提前在服务间调好,检查腰围,分清救生衣的正反面,照明装置在左侧,救生衣锁扣

图 4-15　安全演示

位于身体右侧,白带子在前。四指并拢伸直与手掌呈 90°角夹住带子与救生衣的中央顶部,拇指在外,救生衣置于身体左侧,大臂与小臂自然呈 90°角。如不需要救生衣演示时,禁止将包内救生衣取出。

(3)当开始播放安全演示时,乘务员面带微笑、整齐地走出客舱。站于紧急出口的乘务员走在第一位,然后是普通舱第一排乘务员,最后是头等舱乘务员。步入客舱后,统一下蹲(注意蹲姿,应右腿后撤半步下蹲,无论下蹲还是站起,都应以站在紧急出口的乘务员为基准),把演示包纵向放置在右脚侧(前方约 10 厘米)。

(4)演示结束后,所有乘务员统一蹲下,将氧气面罩、安全带、安全须知卡装入安全演示用具包内(不拉拉链),右手拎拿安全演示用具包,然后整组统一起立,整齐向右侧转身,统一退回前服务舱,在服务间,将安全演示用具包进行整理后,拉好拉链,放回指定位置。

(二)演示广播

1 第一段

女士们、先生们!

欢迎您乘坐××航班由××飞往××。

现在客舱乘务员向您介绍救生衣、氧气面罩、安全带的使用方法和紧急出口位置,请注意我们的示范和说明。

Ladies and gentlemen,

Our flight attendants will now demonstrate the use of the life vest, oxygen mask and seat belt, and show you the location of the emergency exits.

2 第二段

救生衣在您座椅下面的口袋里,使用时取出,经头部穿好。将带子扣好、系紧。在出口处时,您可以拉动充气阀门将救生衣充气,但在客舱内请不要充气(见图4-16)。

充气不足时,请将救生衣上部的人工充气管拉出,用嘴向里充气。

Your life vest is located under your seat. To put the vest on, slip it over your head. Then fasten the buckles and strap tightly around your waist. Please don't inflate while in the cabin, you can pull the tabs down firmly to inflate before evacuation.

If your vest needs further inflation, blow into the tube on either side of your vest.

图4-16 救生衣演示

3 第三段

氧气面罩储藏在您座椅上方,发生紧急情况时面罩会自动脱落。

氧气面罩脱落后,请用力向下拉面罩。将面罩罩在口鼻处,把松紧带固定在头上进行正常呼吸(见图4-17)。

Your oxygen mask is located in a compartment above your seat. It will drop automatically in case of emergency.

When the mask drops, pull a mask down sharply to activate the flow of oxygen. Place the mask over your nose and mouth, slip the elastic band over your head.

4 第四段

每位旅客座位上都有一条可以对扣起来的安全带。使用时,将连接片插入锁扣内。根据您的需要,调节安全带的松紧。解开时,先将锁扣打开,拉出连接片(见图4-18)。

Each chair has a seat belt that must be fastened when you are seated. To fasten your seat belt, insert the link into the buckle. To be effective, the seat belt should be tightly fastened. To unfasten the seat belt, lift this buckle.

5 第五段

本架飞机共有8个紧急出口,分别位于机舱的前部、中部及后部,请不要随便拉动紧急出口手柄。

There are eight emergency exits on this aircraft. They are located in the front, the

图 4-17　氧气面罩演示

middle and the rear of the main cabin. Please don't touch the emergency operating handles unless specifically instructed by our crew members in emergency situations.

6 第六段

在客舱通道上及出口处有应急照明指示灯,在紧急撤离时按指示路线撤离,撤离时禁止携带任何行李。

The emergency indication lights are located along the aisle and at the exits. In the unlikely event of an evacuation, please follow the emergency indication lights to the nearest exit, and don't carry any hand luggage with you.

7 第七段

安全须知卡在您前排座椅背后的口袋里,请您在起飞前仔细阅读(见图 4-19)。谢谢!

图 4-18　安全带演示

图 4-19　安全须知演示

For further information, please refer to the safety instruction in the seat pocket in front of you. Thank you!

四、起飞前的安全检查

(一) 客舱安全检查广播

女士们、先生们：

现在飞机已经开始滑行，请您系好安全带、收起小桌板、调直椅背、打开遮光板、取下耳机及连接在座椅电源上的数据连接线，妥善存放笔记本电脑等大型便携式电子设备。手机等小型便携式电子设备确认已切换至飞行模式。在飞行全程中禁止吸烟、禁止使用锂电池移动电源给电子设备充电。为防止意外颠簸，请您全程系好安全带。

祝您旅途愉快！

Ladies and gentlemen,

As our aircraft is taxiing into the runway for take-off. Please fasten your seat belt, pull up the window shade, secure your tray table, bring your seat back upright and unplug your headphones and electronic devices. The large portable electronic devices, such as laptops, should be stowed properly. Please ensure that small portable electronic devices, like cell phones, are switched to the airplane mode. You are not permitted to use lithium battery and do not smoke during the entire flight. Please keep your seat belts fastened in case of sudden turbulence.

Wish you a pleasant journey!

(二) 客舱安全检查标准

在飞机起飞前，客舱乘务员应完成下列客舱安全检查。为保障安全，乘务员有权要求旅客遵守，同时在未完成以下安全检查工作之前，飞机不可以起飞。

(1) 确认每位旅客已入位就座，确认每位旅客系好安全带。

(2) 禁止吸烟。

(3) 椅背竖直，脚垫收起，座椅扶手平放。

(4) 扣好小桌板。

(5) 所有帘子拉开系紧。

(6) 拉开遮光板。

(7) 确认衣帽间、储物柜等储藏空间已锁闭，行李架扣紧。

(8) 确保紧急出口、走廊过道及机门近旁无任何手提行李。

(9) 紧急出口座位旅客符合乘坐规定。

(10) 婴儿用婴儿安全带固定或由成人抱好。

(11) 确认所有移动电话、便携式电脑等电子设备已关闭并存放好。

(12) 旅客座椅除散落的衣服类物品外，没有航空公司提供的食品、饮料、餐具或者手

提行李等在着陆期间不允许携带的物品,并且每位旅客的椅背餐桌都要被固定在其收起的位置。

(13) 洗手间无人占用,盖好马桶盖,并上锁。

(14) 无人座椅上的安全带已扣好。

(15) 厨房内柜子、餐车等设备均固定好,并使用手势语确定。

(16) 调暗客舱灯光。

(17) 每个电视屏幕已收好。

(18) 确认烤箱、热水器等非必须使用的电器电源关闭。

(三) 客舱安全检查要求

(1) 安全检查包括:旅客乘坐区域安全检查、服务间安全检查、洗手间安全检查及灯光检查。

(2) 安全检查工作在飞机滑行时开展,原则上在播放安全须知或人工安全演示时不得进行。

(3) 窄体机经济舱由两名乘务员(最低号位)完成安全检查工作,一名由经济舱第一排至紧急出口,另一名由紧急出口至经济舱最后一排。

(4) 乘务员保持大方、优雅的举止,切不可以命令式的口吻对待旅客。

(5) 安检要从上至下依次进行,对行李架、座椅靠背、遮光板、小桌板、安全带、客舱通道等做到不漏检。

(6) 安全检查程序必须独立完成,不得与其他工作混合。

(7) 紧急出口处不得有任何物品堵塞。

(8) 客舱安全检查完毕后需报告乘务长"报告乘务长,客舱安全检查完毕",而后由乘务长和2号乘务员复检,乘务长从前舱检查到后舱,2号乘务员从后舱检查到前舱。

(9) 客舱安全检查完毕,乘务长广播"Crew be seated,乘务员立即就座,做好客舱安全监控",乘务员坐在规定的座位上,系好安全带(包括背带),两手放在座位两侧或两手相握放在腿上,两腿并拢平放。

(10) 在驾驶舱给出飞机即将起飞的信号时,乘务长进行"起飞前确认广播"。

(四) 起飞前确认广播

女士们、先生们:

我们的飞机马上就要起飞了,请再次确认您的安全带已扣好系紧,手机等便携式电子设备已调至飞行模式,谢谢!

Ladies and gentlemen,

We are ready for take-off. Please make sure your seat belt is securely fastened and portable electronic devices, like mobile phones, have been switched into flight mode. Thank you!

（五）客舱各区域的安全检查

1 旅客乘坐区域安全检查

（1）乘务员在执行起飞落地安检程序时，对旅客安全带被衣物（毛毯）遮盖状况，应进行语言提示，参考语言可为"请别忘记系好安全带""请让我来帮您确认"。

（2）对戴着耳机、使用手机和充电宝的旅客，应该提示他们在起飞和落地的阶段需要取下耳机，并确认手机处于关闭或者飞行模式。

（3）对不配合放置随身包裹的旅客，应换位思考为旅客提供解决办法，从而达到安全检查要求。

（4）放置应急设备的行李架、储物柜应由相应区域的乘务员检查，乘务长复检。

（5）部分飞机最后一排旅客座椅后有应急设备。禁止将清洁袋、空气清新剂等杂物放在最后一排座椅口袋里，禁止将旅客或机组行李存放于座椅背后，影响应急设备的取放。

（6）对于携带婴儿的旅客，应主动询问是否需要婴儿安全带，检查携带婴儿的座椅扶手是否已放下。

（7）对于肥胖旅客，应主动询问是否需要加长安全带。

（8）安全检查期间，如有旅客提出服务需求，应该婉言拒绝，致歉并告知不能提供的原因和可以提供的时间。

（9）若配备 iPad mini 的航线，乘务长需手持乘务长 iPad mini，从前至后统一关闭旅客 iPad mini 电源。

2 服务间安全检查

（1）在厨房设备检查时，厨房负责人必须配合使用手势语对厨房设备进行安检确认，从 L 侧到 R 侧，从上方至下方，以避免遗漏。乘务长在进行复检厨房设备时，同样需要使用手势语进行配合操作。

（2）关闭所有的厨房电源、固定好厨房松散物品。

（3）踩好餐车刹车，锁好厨房内所有的箱、车、柜门及锁扣，拉开并扣好厨房内的门帘。

3 洗手间安全检查

关上卫生间马桶盖，固定洗手池台面上的物品（如洗手液），锁闭洗手间。

4 灯光检查

（1）旅客乘坐区域：顶灯调至 DIM 位（夜航时调至 NIGHT），窗灯调至 OFF 位。

（2）服务间：关闭所有灯光，保留 WORK 灯。

（3）厨房：打开洗手槽上方工作灯，关闭其余厨房灯光。

五、静默 30 秒

（1）在起飞后的飞行关键阶段，乘务员必须坐在乘务员座椅上，进行发生紧急情况时安全程序的默想。

(2) 乘务员心中默想紧急情况处置预案内容包括：防冲击姿势、判断情况、开门程序、相互协作、组织撤离口令、脱离程序及方法。

(3) 在此飞行阶段,乘务员必须集中注意力,禁止出现忽视安全的行为。

任务小结

起飞前的客舱安全工作流程应按照各航空公司的规范来严格执行,特别是舱门关闭、滑梯预位、安全演示和客舱的安全检查。只有把控好细节,才能将隐患扼杀在萌芽的状态。

思考题

1. B737-800机型与A320机型飞机的舱门关闭程序是什么？
2. B737-800机型与A320机型飞机的舱门滑梯预位程序是什么？
3. 简述客舱安全演示的内容。

任务三　娱乐服务

机上娱乐又可称作飞行娱乐,是指航空公司为旅客提供在客机上使用的娱乐设备,使旅客可打发在机上的时间。目前,航空公司在飞机上都设置有相应的机上娱乐的设备,如报纸、杂志、音乐、电影、娱乐游戏等,旅客可以根据自己的喜好自主选择以满足个性化需求,这些娱乐设备因行程和机型不同而有所差异。

一、电子娱乐服务

(一) 音频娱乐

音频娱乐包括音乐、新闻、戏剧等。飞机上一般提供多个频道供旅客选择,旅客可以通过座椅上的按钮或遥控器自行选择自己喜爱的频道,旅客需要使用耳机来收听这些音频,而航空公司一般会为没有耳机的旅客提供临时耳机。

1　播放音乐

播放音乐是为旅客登机、用餐和下机时提供的一种服务,分为登机音乐、平飞音乐、下降音乐、落地音乐,以民族音乐和轻音乐为主,其中平飞音乐分为舒缓、轻快和经典流行三种,音量调节建议控制在21%～22%。当与视频音频节目冲突时,遵循视频节目优先原则,在视频节目无法满足航班需求时,平飞音乐可作补充。其操作如下。

(1) 乘务长打开前控制面板上的音频开关。
(2) 乘务长按下选择频道键，待指示灯亮后，按键播放。
(3) 注意调节音量，以不影响旅客交谈为宜。

2 播放预录广播

预录广播是航空公司事先录制的为旅客服务的中英文广播，音量调节建议控制在25%～26%。播放预录广播的操作如下。
(1) 乘务长打开前控制面板上的开关。
(2) 乘务长确认"预录广播编码单"后输入所需编码。
(3) 待指示灯亮后，按键播放，预录广播音量不可调节。

（二）视频娱乐

视频娱乐是飞行娱乐系统的重要组成部分。根据不同的飞机，视频可以显示在机舱前方的大电视上或是机舱上方的可伸缩电视，也可以是旅客座椅背部的个人电视机。而个人电视机中视频所搭配的音频，则需要旅客佩戴耳机聆听。一部分的视频娱乐系统，与传统的DVD一样，配置声音、字幕的切换系统，便于不同语言的旅客观赏机上提供的电视节目或电影。

一般由乘务长指定人员按照播放要求进行播放，乘务员会随时监控录像节目播放情况，旅客应严格按照设备操作说明进行操作，爱惜设备。播放要求如下。
(1) 原则上按照播放要求播放录像。
(2) 过站期间有旅客在机上等待时可以播放过站节目。
(3) 可灵活穿插安排播放机上配备的各类短节目，如果播放电影则必须完整播放。
(4) 航班的往、返节目内容不能重复。

（三）机上 iPad mini 服务

为提升机上的娱乐品质，丰富旅客的客舱娱乐体验，有的航空公司在部分航线上也会配备手持式娱乐设备 iPad mini。

1 配备

航前由 iPad mini 运行维护人员（运维员）负责在头等舱、经济舱每个前排座椅口袋插放一个 iPad mini。

2 交接

乘务组登机后需核对 iPad mini 及配套物资的数量，确认无误后乘务长在交接单上签名、勾选"收货确认"一栏并写上联系电话。若遇交接单上的数量与实际配备数量不符，乘务长应当面告知运维员，并将具体情况备注在记录本上。

3 回收

落地后,运维员会及时上机回收,乘务长应在交接单上签名、勾选"交出确认"一栏并将无线电子防盗发射器当面交于运维员,iPad mini 和配套物资由运维员进行回收。

4 注意事项

(1) 乘务长需在广播词中加入 iPad mini 的相关介绍,并提示旅客在飞行关键阶段停止使用 iPad mini。

(2) iPad mini 系统内装有防盗功能提示,旅客滑动 iPad mini 屏幕即可看见,乘务长需在飞机落地后开舱前 5 分钟开启无线电子防盗发射器。

(3) iPad mini 若有丢失和损坏现象,乘务长需在记录本中详细备注,并及时联系运维员报备。

(4) 若出现备降、航班取消等特殊情况,乘务长应及时联系运维员,并按照运维员的安排协助其将 iPad mini 回收至备份箱。

(5) 若 iPad mini 出现死机现象,乘务员应将 iPad mini 带回服务间做手动关机处理,然后再次启动开机。

(四) 机上 Wi-Fi 服务

飞机上的 Wi-Fi 连接已经越来越普遍了,如 40% 的美国航班、阿联酋航空和卡塔尔航空等国际航班都有提供机上 Wi-Fi 服务,国航、海航、南航、东航的洲际航线的宽体机大部分也都提供 Wi-Fi 服务。其信号源一般通过卫星中转或地面信号塔,人们已经可以在一些飞机上按照航空公司的指引连接互联网,使用自己的手机或电脑。飞机上的 Wi-Fi 服务目前还处于不成熟阶段,信号会受到天气、地理位置等诸多因素的影响,且大多需付费使用。

想要在登机前快速辨别一架客机有没有机上 Wi-Fi 服务,可记住以下三个重要特征。

1 网络购票时

以购买东方航空公司上海到北京的航班为例,通过航空公司的 App 购票(第三方购票软件暂不支持),可以看到航班号后面一个有"Wi-Fi"的标志,则表示该航班带有机上 Wi-Fi 服务(见图 4-20)。不过即使买到票,由于航空公司机上网络接入的名额有限,一般会要求在 App 上提前申请,成功以后才能享受机上 Wi-Fi 服务。

2 登机时通过观察机身外形

大家可以在登机前,通过观察该飞机的外观,观察机身顶部是否有一个小鼓包,这个小鼓包装的其实就是卫星天线(见图 4-21)。

3 登机时观察飞机舱门

搭载 Wi-Fi 网络的航班一般会在飞机舱门口喷涂有关"Wi-Fi"的标志(见图 4-22),人们看见这个标志,就可以判定此架飞机的网络覆盖情况。

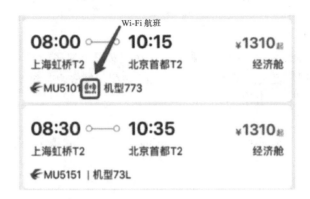

图 4-20 Wi-Fi 航班(东方航空公司)

图 4-21 飞机 Wi-Fi 装置

图 4-22 Wi-Fi 航班(舱门标志)

(五)电子游戏服务

电子游戏也是飞行娱乐的一部分,一些游戏甚至可以支持飞机内旅客之间的联网对战。现今多数飞行娱乐游戏逐渐从纯对战式的游戏转为益智游戏,如语言学习、儿童迷你游戏等,旅客在飞机上就可以通过玩小游戏来学习新知识。

二、报纸杂志服务

为了丰富机上娱乐方式,满足各类不同旅客的需求,航空公司为旅客准备了不同类型的报纸和杂志。在航前准备时,乘务员需要将报纸和杂志分类整理好,然后将报纸和杂志的正面朝上,露出刊头,美观、整齐地摆放在书报架或折叠车上。在机上常见的提供报纸和杂志的方法有旅客自取式和乘务员手发式两种类型。

(一)旅客自取式

(1)旅客登机前,乘务员将餐车拉出 1/3 并将报纸整齐摆放在餐车上,置于 R1 舱门处,登机时由旅客自行拿取,乘务员可给予协助和提示。

(2)如果因机型限制,前舱服务间没有餐车位,可将一对半车推出放于面向机头的储物格旁,将报纸或杂志整齐地放于其上。

(3)也可将报纸或杂志放于前舱服务间的台面上,由旅客自行拿取,乘务员可给予协助和提示。

(4)当确定 F 舱或 C 舱没有旅客时,也可将报纸整齐放于第 1 排 C 座小桌板上,由旅客自行拿取,乘务员可给予协助和提示。

(二)乘务员手发式

(1)乘务员将报纸或杂志展开,平整地放于手臂上,刊头面向旅客,最下面放英文报纸或杂志做备份。

(2)左手四指并拢,手心朝外,托住报纸的底部,拇指在里侧;展示时,右手四指并拢,手心朝外,大拇指扶在报纸或杂志的右上角。

(3)递给旅客时应刊头在上,右手拇指和食指捏住报纸的左上角,最外侧的报纸或杂志直接拿,大拇指压在报纸或杂志的外侧,其余四指在报纸或杂志的内侧(见图 4-23)。

图 4-23　机上报纸杂志服务

(4)介绍时要有停顿,给旅客反应的时间。步伐要慢,以免走过后旅客都没有反应或旅客需要乘务员还需返回来提供。

(5)主动向旅客介绍所配报纸或杂志种类,应与旅客呈 45°角站位,面带微笑,目光柔和,身体略微前倾。

(6)注意眼神跟旅客的交流,在征得旅客同意的情况下,协助旅客打开阅读灯。

(7) 提供的顺序为从前到后、先左后右、先里后外、女士优先的原则。

(8) 建议语言:"有需要报刊服务的旅客吗,本次航班为您准备的报纸有××、××,请问您需要哪一种,需要我帮您打开阅读灯吗?"

三、机上销售

世界范围内,各个航空企业都将辅营业务作为提升盈利水平的重要手段。其中,高品质的机上销售不仅可以极大地提升旅客乘机体验,也在提升企业辅营收入方面占据较大比重。为巩固航空公司的市场地位与盈利能力,全球很多航空公司都在不断地推陈出新,积极拓展机上销售业务。目前,汉莎、大韩、韩亚、新航、港龙、长荣等知名航企也对机上销售非常重视,通过与知名品牌合作,提供机上独家产品,并从中获得可观的收益。面对日益激烈的航空市场,为了进一步提升旅客乘机购物体验,提升辅营收入,航空公司会针对机上销售航线进行扩展。国内开展机上销售的航空公司有春秋航空、海南航空、西部航空、九元航空、华夏航空、祥鹏航空、首都航空等。

(一)机上销售定位

(1) 机上销售是客舱服务体验的重要环节。机上销售不是客舱服务额外附加的产品,而是旅客体验的重要环节。很多乘务长、乘务员认为机上销售可有可无、可做可不做,或是走走形式、摆摆样子,从内心抵触,认为是给机组添麻烦,这种思想是不正确的。

(2) 机上销售可以增加航空公司收入、乘务员收入。机上旅客是庞大的消费群体,他们拥有强烈的购买欲望,尤其是在密闭的空间中,在有限的时间内、在有限的产品里,相信通过机组成员有效的销售展示与销售技巧,一定能促进旅客购买,从而提高航空公司收入和乘务员收入。

(3) 机上销售并非低成本运营航空公司的专利,而是全球航空业发展的必然趋势。

(二)机上销售细节

(1) 机上销售由乘务长指定一名乘务员与产品销售负责人进行销售,窄体机由2号乘务员为产品销售负责人,宽体机由区域乘务长为产品销售负责人。

(2) 商品销售车由负责航食的工作人员安排带上飞机。

(3) 销售活动开展的时间应在餐饮服务程序结束(收取杂物,整理客舱)之后,乘务员通过推车销售的形式来开展机上购物销售活动,销售活动在落地前40分钟结束,以便进行结算和后续安检工作顺利开展。

(4) 销售车内必备物品:计算器、备用锁、100元备用金(10张10元面额的人民币)等,确保销售车商品数量与实际相符,销售车钥匙及锁统一由销售负责人保管。

(5) 负责销售的乘务员应熟悉产品的信息。

(6) 机上销售完成后,销售责任人应仔细清点、回收货品,并将所有钱款、商品锁入销售车内,填写各类单据,并与负责航食的工作人员做好交接,避免商品丢失,销售车钥匙、商品销售款和交接单据放入销售车内的票款袋,使用挂锁及铅封锁闭销售车,切勿将钥匙放置在车外,如因乘务员操作失误导致钱款或商品丢失,由当事人负责全额赔偿。

(三) 加强乘务员的销售意识

(1) 将机上销售作为乘务员工作职责的一部分及必要环节,针对配备有机上销售产品的航线,在保证客舱安全的前提下,杜绝零收入、零订单。

(2) F 舱或 C 舱旅客属于潜在的重要消费群体,机组成员应在不打扰旅客休息的前提下,向 F 舱或 C 舱旅客推荐,以提高销售额。

(3) 乘务长要合理地做好销售提成的分配,在提成分配上要向积极销售的乘务员倾斜。

(4) 在销售开始前,可由乘务长安排组员适当广播,可个性化地加大商品的推介、宣传商品的优越性和独特性等,以吸引旅客的注意和购买欲望。

(5) 对于积极参与销售和销售业绩好的乘务员,乘务长可将此作为乘务日志评优的考虑因素之一,并在组员评价页面的"具体描述栏"予以说明。

任务小结

在机上娱乐服务环节中,乘务员要掌握本机型中娱乐设备的使用,以及掌握报纸、杂志服务和销售服务的技巧,给予旅客良好的客舱服务体验。

思考题

1. 机上报纸、杂志服务手发式的要求是什么?
2. 机上销售的定位是什么?
3. 机上娱乐服务有哪些细节?

任务四 餐饮服务

随着社会的快速发展,尤其是人们生活水平的逐步提高,人们对于航空业的各种要求也越来越高,飞机已不再是只有富人才能乘坐的交通工具,更多的平常百姓也能享受飞机所带来的快捷和方便。随着大众的乘机出行,飞机上的餐食也成为人们津津乐道的一件事。餐饮服务是客舱服务的重要组成部分,也是旅客感受最为直接的部分。因此,规范和完善客舱餐饮服务,不仅可以提升航空餐饮服务的品质,还可以提升航空公司的整体竞争力。

一、饮料

经济舱的饮料品种有碳酸饮料、果汁、咖啡、茶和矿泉水,对于头等舱还提供含酒精类饮料,如啤酒、葡萄酒等(见图 4-24)。

(一)碳酸饮料

客舱内常见的碳酸饮料有可乐、雪碧、七喜、芬达、美年达等(见图 4-25),为旅客提供此类饮料时应注意以下几点。

(1)在服务间准备提供饮料服务时,需要开启餐车上的所有的饮料。
(2)开启碳酸饮料时不要摔撞瓶体,打开前不可摇晃。
(3)打开时借助小毛巾,以防气泡外溢。
(4)倒碳酸饮料时杯子需倾斜约 45°,以防止倒的过程中产生大量气泡。
(5)每倒好一杯要及时盖上瓶盖,以免饮料气体挥发,影响口感。
(6)对于婴幼儿、老年人等旅客不要主动提供碳酸饮料。
(7)向客人提供碳酸饮料时应主动询问是否添加冰块。

图 4-24 饮料服务

图 4-25 提供碳酸饮料

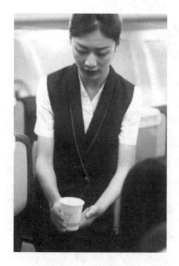

图 4-26 提供果汁

(二)果汁

客舱内常见的果汁饮料有橙汁、苹果汁、番茄汁、椰子汁、芒果汁等,为旅客提供此类饮料时应注意以下几点(见图 4-26)。

(1)开启果汁饮料前需要在服务间内摇晃数次,防止瓶内底部果肉堆积,切不可在客舱内摇晃。
(2)有锡纸保护的果汁饮料,需要在服务间内提前揭开饮料锡纸层。
(3)开启后的果汁,保存时间不宜过长。
(4)在为旅客提供果汁饮料时,可根据旅客的需要添加冰块。

(三)咖啡

机上为旅客提供的咖啡为速溶咖啡,客舱内常见的咖啡有袋装的三合一咖啡、1.8克的黑咖啡、18克的黑咖啡等。

1 袋装的三合一咖啡

三合一咖啡内含奶精、糖和咖啡,使用咖啡壶进行冲泡,每袋可冲泡一壶,咖啡壶的总容量为1500毫升,以3∶1的热冷水比例进行冲泡(见图4-27),冲泡好后要用咖啡搅拌棒进行搅拌。

2 1.8克的黑咖啡

为有特殊需求的旅客单独提供黑咖啡等。使用一次性纸杯为有特殊需求的旅客单独冲泡黑咖啡,冲泡三分之二杯即可,热冷水比例为3∶1。在提供黑咖啡的同时,乘务员还需要为其提供一包黄糖或白砂糖。

3 18克的黑咖啡

18克的黑咖啡适用于国内航线的头等舱和国际航线的经济舱,使用咖啡壶冲泡,每包可冲泡一壶,咖啡壶的总容量为1500毫升,按照3∶1热冷水比例冲泡。提供时要配上纯牛奶,牛奶倒在头等舱白瓷壶里,无须加热,根据客人需求进行调配即可。调配好后,要加入白色搅拌棒,另外再提供一包黄糖或白砂糖。

乘务员在检查咖啡时须注意它的生产日期和保质期,禁止提供过期的咖啡。还应该从咖啡本身观察它是否变质:一看是否结块,二看是否变色。

(四)茶

客舱内常见的茶有红茶、绿茶、茉莉花茶等,茶壶内放置一袋茶包,使用灰色茶壶进行冲泡,茶壶的总容量为1500毫升,按照3∶1热冷水比例冲泡,然后提供给旅客(见图4-28)。乘务员开启茶包前也要检查它的生产日期和保质期,确认没有过期。

(五)矿泉水

客舱内常见的矿泉水有大矿泉水(1.5 L)和小矿泉水(300毫升)两种类型,短航线无客舱饮料服务时,可为每位旅客提供一瓶小矿泉水。

(六)酒类

国内航线只有头等舱才提供酒类饮料,常见的酒有啤酒、葡萄酒等。

图 4-27 冲泡咖啡

图 4-28 提供茶水

1 啤酒

啤酒是以麦芽为主要原料的酿造酒,含酒精量低,易为人体吸收。冰镇啤酒需要外部进行冰镇,提供时不用询问旅客是否要添加冰块,啤酒的最佳饮用温度为 8~10 ℃。提供啤酒时,需要帮助旅客将啤酒打开(在舱车下开启,打开时垫着毛巾),倒入少量啤酒至杯中,然后将剩余的听装啤酒一起递送给旅客。

2 葡萄酒

1) 葡萄酒开瓶的操作方法

(1) 目前,葡萄酒的瓶塞分为两种:一种是软木塞,还有一种是螺旋帽式瓶塞。

(2) 对于螺旋帽的瓶塞直接拧开即可,但是在开瓶时也有一个小窍门,不要按正常的方法拧上面的部分,而是一只手握住瓶身,另一只手去拧螺旋帽的下半部分,这种方法可以很轻松地将瓶盖打开,且不会将瓶塞破坏。如果酒还未喝完,可以拧好瓶盖进行储存。

(3) 对软木塞的葡萄酒开瓶时有五个步骤:一是划一道开瓶线;二是将锡纸取下;三是开瓶器斜插入软木塞;四是旋转开瓶;五是将软木塞取出。

2) 软木塞开瓶时的注意事项

(1) 开瓶线应在酒瓶凸起的下缘,注意要整齐、在一条线上。

(2) 去锡纸帽时,注意不要太过用力,要保证酒瓶上剩下的锡纸部分美观整齐。

(3) 开瓶器斜插便于用力。

(4) 旋转开瓶器时注意不要太深,以免将瓶塞钻透,木屑掉入酒液中会影响酒的口感。

3) 提供葡萄酒时的注意事项

(1) 红葡萄酒可在常温下为旅客提供,最佳品酒温度为 16~18 ℃,因此提供红葡萄酒前也可冰镇 12~15 分钟。如果条件允许,建议将酒早点打开,可以让酒充分呼吸,也就是人们常说的"醒酒",这样的酒口感会更加柔和、醇厚。

(2) 白葡萄酒需要在餐前进行冰镇,使酒液的温度达到 10~12 ℃,冰镇时间一般为 33~35 分钟,冰镇后口感会更加清爽、果香更加浓郁。

(3)冰镇时,为了防止商标遇水破烂或字迹模糊,可用毛毯袋或塑料袋包裹后进行冰镇。

二、餐食

客舱内常见的餐食种类有正餐、早餐、热便餐、点心餐、热食餐、汉堡、三明治、果仁、饼干等。航空公司会按照不同航线来进行配餐(见图4-29)。正常情况下,如果航班遇到午餐、晚餐时间,且飞行时间在一个半小时以上的,航空公司一般会给旅客发放正餐、热便餐、热食餐等;如果航班在一个半小时以内,一般会给旅客分发点心餐、果仁、汉堡、三明治等。

图4-29 提供餐食

(一)正餐

正餐一般是指午餐和晚餐,普通航线的正餐是由一个大点心盒和一份热食组成的。

大点心盒是一种纸制餐盒,里面含有水果、面包、饮用水、小吃、小包装的榨菜或辣椒酱、一次性刀叉包、湿纸巾等。大点心盒可横插或竖插于餐车内,一般航食会采用横插的方式装机。

一般会以热食为主食,食材通常选取鸡肉、猪肉、牛肉、鱼肉以及米饭、面条等,分为4摞摆放在烤箱内,每摞10份,一个烤箱可装40份热食。

餐食服务时,将餐车内的大点心盒取出三层,然后放两个大托盘进去用于盛放热食,米饭为横向摆放,面条为竖向摆放。每个托盘可摆放30份热食,每层5份,共6层。

(二)早餐、热便餐

早餐、热便餐通常都是由一个小点心盒和一份热食组成(见图4-30)。

小点心盒是一种纸制餐盒,里面含有水果、面包、饮用水、小吃、一次性刀叉包、湿纸巾等。小点心盒可横插或竖插于餐车内,一般航食会采用竖插的方式装机。

热食分为4摞摆放在烤箱内,每摞10份,一个烤箱可装40份热食。

餐食服务时,将餐车内的小点心盒取出两层,然后放两个大托盘进去用于盛放热食,米饭为横向摆放,面条为竖向摆放。每个托盘可摆放30份热食,每层5份,共6层。

(三)点心餐

点心餐通常是为旅客提供纸制餐盒,分为大点心盒和小点心盒(见图4-31)。

一个餐车最多可装80份大点心盒,每层5盒,共16层;一个餐车最多可装112份小点心盒,每层16盒,共7层。提供餐食服务时,餐车内保持不变。

图 4-30 提供早餐、热便餐

图 4-31 提供点心餐

（四）热食餐

热食餐通常由热食、一次性刀叉包和湿纸巾组成。

热食分为 4 摞摆放在烤箱内，每摞 10 份，一个烤箱可装 40 份热食。

一次性刀叉包：每袋里面有 150 包。

湿纸巾：每袋里面有 50 包。

餐食服务时，放两个大托盘在餐车内用于盛放热食，米饭为横向摆放，面条为竖向摆放。每个托盘可摆放 30 份热食，每层 5 份，共 6 层。用两个面包篮装刀叉包和湿纸巾，每个面包篮中装部分刀叉包和湿纸巾，面对机头方向的面包篮放在车内，面对机尾方向的面包篮放在餐车上。

（五）汉堡、三明治、果仁、饼干等

汉堡：每个烤箱 4 层，共 32 个。

三明治：每个托盘 12 个，无须烘烤。

果仁：每袋里面有 30 包。

饼干：儿童专供，每个航段 5 包。

餐食服务时，汉堡烘烤后整齐地码放在大托盘上，每辆车两个托盘；三明治直接码放在大托盘上，每辆车两个托盘；果仁用小吃篮整齐码放，面对机头方向的小吃篮放在车内，面对机尾方向的小吃篮放在餐车上；饼干放在车内。

（六）头等舱、商务舱餐食

以上列举的正餐、早餐、热便餐、点心餐、热食餐、汉堡、三明治、果仁、饼干等餐食为航

空公司提供的经济舱餐食。对于头等舱、商务舱乘客的餐食，在菜式上较经济舱更加丰富，航空公司也会根据不同的航线来提供头等舱、商务舱的餐食。目前，大部分航空公司的头等舱、商务舱餐食包括餐前小食、头盘、主菜、餐后甜点和水果等，还有一些航空公司提供不同种类的酒水、汤。头盘除西式外，也可以提供寿司等不同特色的食物。我国的航空公司在国内航班上的主食多以中餐为主，有时也会搭配西餐或其他国家和地区有特色的餐食。

经济舱餐食使用的餐具一般都是一次性的纸盒、锡纸餐具，而头等舱、商务舱的餐具除使用质量较好的塑料制品之外，许多航空公司还会选择使用瓷质、玻璃质、水晶、金银器皿等，给旅客带来不一样的用餐体验。除此之外，桌布、餐巾、装饰物等一系列用品和配饰与美食的搭配也非常重要。

（七）特殊餐食

特殊餐食是为尊重那些有宗教信仰和因健康关系等需要特别照顾的旅客而提供的。一般由上述旅客在购票时提出要求，并在上机后凭"特殊餐券"才能提供餐食的种类。特殊餐食的种类有很多，比较常见有穆斯林餐（MOML）、婴儿餐（BBML）、儿童餐（CHML）、素食餐（VGML）、糖尿病餐（DBML）和水果餐（FPML）等，乘务员在清点时要注意查看特殊餐食的标签。

1 特殊餐食供应的注意事项

（1）乘务员在航前准备时要及时了解预定特殊餐食旅客的座位号码、姓名和性别。提供餐食时，应先提供特殊餐食。

（2）特殊餐食预订服务为航空公司的一项增值服务，如果航班发生变更，已预定的特殊餐食可视配餐情况而定，航空公司将免除相应责任。

（3）24小时内的特殊餐食申请原则上不予以保障。若特殊情况下有特殊餐食申请，必须到航空公司直属售票处或机场候补柜台，在确定配餐部门可预定特餐的情况下进行预定申请。

（4）机上供应的婴儿餐是一种瓶装食品，以肉类、蔬菜、水果为一套。检查婴儿餐时首先要看瓶上所标明的生产日期及保质期，并根据婴儿的年龄选择不同的食品。如一时用不完，剩余部分必须放入冰柜或冷藏箱内妥善保管，以防变质。

（5）要尊重各地的风俗习惯。

2 特殊餐食的预订方式

（1）特殊餐食可在购票时预定，或至少在起飞前24小时预定，并在办理登机手续时再次确认，否则不能保证供应。

（2）可致电航空公司官网电话预订特殊餐食。

（3）可在航空公司直属售票处购票时预订特殊餐食。

（4）在网上购票付费完毕后，可直接在网上预订所需要的特殊餐食。

3 特殊餐食一览表(见表4-5)

表4-5 特殊餐食一览表

序号	名称	代码	餐食特征、适合人群
1	儿童餐	CHML	适合2~7周岁的儿童;比成人餐食量少;易咬食、咀嚼,且采用对孩子有吸引力的食物
2	婴儿餐	BBML	适合2岁以内的婴儿,糊状、易消化吸收
3	低纤维餐	BLML	限量纤维素,如水果、豆类、蔬菜、含麸质的产品
4	印度餐	HNML	不含各种肉类,无洋葱、大蒜、姜,所有根菜类采用印式烹调
5	穆斯林餐	MOML	穆斯林视未放血的动物为禁品,禁食猪肉、狗肉、猫肉、动物的血和内脏,一般也禁食马肉、驴肉等大型动物和猛禽的肉。所以羊肉便成为美味佳肴
6	高纤维餐	HFML	含高纤维素,如水果、蔬菜、含麸质的产品、豆类、坚果类;无精制面粉产品、精制麦片
7	糖尿病餐	DBML	不含糖、少盐
8	无糖餐	NLML	无乳糖、乳制品,如牛奶、固体奶、干乳酪、乳酪、奶油、牛油、人造奶油
9	低脂肪餐	LFML	无动物脂肪,但允许多元非饱和脂肪酸;少脂肪、酱、肉汁、炸食;无牛油、奶油、全脂乳酪;限用瘦肉
10	低蛋白质餐	LPML	少肉且推荐蛋白含量少于15克;少量蛋、乳制品、盐
11	低盐餐	LSML	菜肴中的盐有一定的控制量,是为患有高血压和肾病的旅客准备的。食品不含盐、蒜盐、谷氨酸钠、苏打、腌制咸菜、罐头肉和鱼、奶油、奶酪、贝壳类、土豆泥、肉汁类、鸡粉、面包、蔬菜罐头
12	低热量餐	LCML	少脂肪、酱、肉汁、炸食;少量糖调味食品
13	水果餐	FPML	只供应新鲜水果
14	生食蔬菜餐	RVML	只含水果、蔬菜
15	海鲜餐	SFML	只有鱼和海鲜做原料
16	素食餐	VGML	以蔬菜为主;有宗教信仰的人群
17	东方素餐	ORML	素食是按中式或东方的烹饪制作。不带有肉、鱼、奶制品或生长在地下根茎类蔬菜,如生姜、大蒜、洋葱、大葱等
18	犹太教餐	KSML	信仰犹太教的旅客

三、各航线供餐标准

（一）极短航线供餐标准（见表 4-6）

表 4-6　极短航线供餐标准

飞行时间	Y 舱供餐	提供标准
<60 分钟	（1）非供餐时段：小吃＋矿泉水 （2）供餐时段：小吃＋矿泉水	平飞阶段推餐车发放，可取消回收杂物的流程，小于 45 分钟（含）的航线可以选择地面发放
60～70 分钟	（1）非供餐时段：小吃＋矿泉水 （2）供餐时段：三明治＋矿泉水	平飞阶段推餐车发放

（二）短航线供餐标准（见表 4-7）

表 4-7　短航线供餐标准

飞行时间	Y 舱供餐	提供标准
71～80 分钟	（1）早餐时段：三明治或汉堡＋矿泉水 （2）正餐阶段：三明治或汉堡＋矿泉水 （3）非供餐时段：小吃＋矿泉水	平飞阶段推餐车发放
81～90 分钟	（1）早餐时段：三明治或汉堡＋茶水＋咖啡＋矿泉水 （2）正餐时段：三明治或汉堡＋茶水＋咖啡＋矿泉水 （3）非供餐时段：小吃＋茶水＋咖啡＋矿泉水	平飞阶段推餐车发放
91～100 分钟	（1）早餐时段：三明治或汉堡＋茶水＋咖啡＋矿泉水 （2）正餐时段：热食餐＋茶水＋咖啡＋矿泉水 （3）非供餐时段：小吃＋茶水＋咖啡＋矿泉水	平飞阶段推餐车发放

（三）中长航线供餐标准（见表 4-8）

表 4-8　中长航线供餐标准

飞行时间	Y 舱供餐	提供标准
101～110 分钟	（1）供餐时间：热食餐＋饮料 （2）非供餐时间：小吃＋饮料	平飞阶段推餐车发放

续表

飞行时间	Y舱供餐	提供标准
111～130分钟	（1）供餐时间：早餐或热便餐＋饮料 （2）非供餐时间：小吃＋饮料	平飞阶段推餐车发放
131～150分钟	（1）供餐时间：早餐或正餐＋饮料 （2）非供餐时间：小吃＋饮料	平飞阶段推餐车发放

（四）长航线供餐标准（见表4-9）

表4-9 长航线供餐标准

飞行时间	Y舱供餐	提供标准
＞150分钟	（1）供餐时间：早餐或正餐＋饮料 （2）非供餐时间：小吃＋饮料	平飞阶段推餐车发放

（五）国际航线供餐标准

国际航线根据航空公司、机型、舱位、航程时间等内容的不同，供餐的标准也不同，这里就不进行详细讲解。

四、餐饮服务标准

（一）饮料服务标准

（1）进行饮料服务前主动为旅客介绍饮料的品种。
（2）乘务员递送饮料时，应拿水杯的下三分一处。
（3）为旅客提供啤酒时，需要帮助旅客将啤酒打开（在餐车下开启，打开时垫着毛巾），倒入少量啤酒至杯中，最后将剩余的听装啤酒一起递送给旅客。
（4）为旅客提供红茶前，询问旅客是否需要添加奶、柠檬或糖，并为旅客提供搅拌棒。
（5）国际及国内骨干商务航线为旅客提供咖啡时，询问是否加糖或牛奶。将需要加糖的热饮倒好后，再把搅拌棒放入杯中，给旅客一包糖，由旅客自行添加糖。如果旅客对于糖和牛奶的比重有特殊需求，按旅客个人需求来提供。
（6）纸水杯盛装热开水，也应该按照上述的比例，兑入约三分之一杯的矿泉水后再提供给旅客。
（7）旅客自带水杯，要按3∶1的比例兑入矿泉水，并将杯盖拧好后再提供给旅客。

（8）提供饮料前要提示旅客小心拿好，递送热饮时必须用语言提示旅客小心烫伤，确认位置后或旅客接好后方可松手，禁止出现无语言交流现象。

（9）乘务员在给旅客提供茶水、咖啡时，要将水壶拿至餐车水平位置的下方，避免过高水溅在旅客身上。

（10）为旅客提供热饮时，以提供不超过三分之二杯为宜。

（11）给儿童提供热饮时，要将热饮递给其监护人，并进行语言提示。

（12）语言提示坐在靠过道的携带儿童的旅客，不要让儿童的手触摸咖啡壶、茶壶，以免烫伤。

（13）乘务员在进行热饮服务时，要加强互相间的配合，避免因碰撞或配合不当等原因导致烫伤的情况发生。

（14）若航班上有押送犯罪嫌疑人的，应先征询押送人员意见后再为犯罪嫌疑人提供热饮，提供热饮时应适当降低温度。

（15）递送饮料时，应提醒旅客收起或保护好正在使用的笔记本电脑等贵重电子产品，避免意外泼洒造成旅客财产损失。

（16）进餐过程中如发生颠簸，乘务员应口头提示已在饮用热饮的旅客注意避免烫伤，此时应停止热饮服务并向旅客做好解释工作。

（17）如因旅客原因发生意外，乘务员要及时采取必要的补救措施，以便将事故危害降低到最低，同时，要及时争取其他旅客的证实，以更好地划分事故责任。

（二）餐食服务标准

（1）在提供餐饮服务之前，应抽查餐食的生产日期、保质期和餐食品质，有变质和不新鲜的餐食禁止为旅客供应。

（2）客舱乘务员应熟记餐食内容；提供餐饮服务时，应主动、耐心地为旅客介绍。

（3）客舱乘务员在厨房内工作的动作要轻，使用各种用具，以及开关餐车、烤箱时要避免发出过大的声响，厨房用具使用完毕要及时整理并摆放稳妥。讲话时声音也要放低，在厨房内做准备工作时应拉上门帘。

（4）旅客在用餐时，尽可能不打扰其他旅客，更不能与用餐的旅客聊天，以免影响旅客的用餐。但在收餐盘时，可与旅客聊上几句。

（5）客舱乘务员在餐饮服务时应注意职业形象，注意不要驼背，服务姿势要正确，不要有厌烦的表情。可委婉地提醒前排旅客调直座椅靠背，以方便后排旅客用餐。

（6）提供餐饮服务前，先为整排旅客发放餐巾纸。

（7）提供餐饮服务时，应遵循的原则：先身份高、后身份低，先女性、后男性，先里、后外，先ABC、后HJK，逐一发放，避免出现漏发、错发的现象。

（8）在提供餐饮服务的过程中，面向机头方向服务的乘务员提供餐饮时，L侧旅客用右手提供，R侧旅客用左手提供，同时要注意监控前舱，如有旅客进入前舱，应及时提醒对应方向的乘务员注意。

（9）注意餐饮服务的交接，避免漏送、错送。

（10）提供正餐时，如果旅客当时不需要用餐，要确认旅客是否需要保留餐食。

（11）为休息的旅客贴休息卡，注意要粘贴于前排旅客座椅套上或前排壁板上，禁止将休息卡粘贴于标有客舱安全设备提示的标识上，乘务员同时应做好标记，为旅客预留餐食，随时观察，旅客醒来后及时为其提供餐饮服务，并揭下休息卡。

（12）当餐食与饮料同时发放时，在餐车内先放置托盘再摆餐食，面条存放在容易拿取的地方，为避免乘务员用沾着油渍的手递送饮料，可用餐巾纸或湿纸巾包裹餐盒拿取，用湿毛巾擦净后再发放给旅客。

（13）如有旅客在餐饮服务时提出其他合理需求，要尽可能及时满足。如当时无法满足，为了避免遗忘，可将旅客的需求、座位号记录下来，并尽快提供。

（14）禁止将餐饮从旅客头顶上方掠过，如果旁边旅客协助递送时要及时向旅客致谢。

（15）如遇航班延误或地面等待时间较长，应根据机长通知合理调整烤餐时间，避免过早的烘烤餐食。如地面等待时间较长，乘务长可根据情况安排地面发餐。

（16）为特殊旅客（老年旅客、视力限制性旅客等行动不便的旅客）提供餐食服务时，要征求旅客的意见，是否需要为其打开刀叉包。

（17）为旅客冲泡方便面、奶粉时，应同时送上餐巾纸或湿纸巾。

（18）服务过程中，要及时提醒旅客系好安全带，严禁儿童在过道上或座椅上玩耍。

（19）注意礼貌用语，对旅客提出的合理需求尽可能满足，确实无法满足时应委婉地向旅客说明原因，取得旅客的谅解。

（20）掌握好服务节奏，减少旅客等待时间，特别是夜航飞行，应加快服务节奏，给旅客充分的休息时间。

（三）收餐服务标准

（1）为旅客回收用过的餐盒、纸巾、清洁袋等物品。

（2）按照"先服务先收取"原则，乘务长可以根据航班客座率等情况灵活掌握。

（3）禁止在客舱中压餐盒，回收时应在得到旅客同意后回收，动作迅速谨慎，防止洒漏。

（4）回收时，可在餐车上放置一个空的塑料抽屉，以回收水杯等杂物，抽屉需要用白色平口袋套好。

（5）水杯等杂物的堆放高度不得高于塑料抽屉，回收托盘时应从上往下插放。

（6）回收时，餐车上还应准备一些清洁袋，为需要的旅客提供。

（7）餐车上还应带一条湿毛巾，主动擦拭弄脏的壁板、行李架、旅客小桌板等，以及清理地面杂物。

（8）回收杂物时，要对旅客的配合表示感谢。

（9）如有旅客在收餐服务时提出其他合理需求，要尽可能及时满足。如当时无法满足，为了避免遗忘，要求将旅客的需求、座位号记录，并尽快提供服务。

（10）禁止将杂物从旅客头顶上方掠过。

（11）旅客丢弃在客舱通道上的杂物，包括报纸、纸巾、包装纸等，即使是牙签、非常小的碎纸屑等也要及时清理干净。

（12）随时清理客舱中旅客阅读过的报纸杂志。

（13）空中服务时,除提供餐饮服务的阶段外,当发现有旅客阅读过的报纸、杂志散放在客舱通道或者座椅上时,乘务员需要询问周围的旅客是否还需要该报纸、杂志,当旅客不需要时,乘务员要及时将其收回服务间。

（14）旅客用来垫脚的报纸不用强行收回。

（15）乘务员收回报纸时需要稍作整理再拿回服务间。

（16）下降期间安全检查时,乘务员需要将客舱中和座椅上旅客阅读过的报纸杂志收回。

（17）乘务员要随时清理客舱通道或者旅客座椅上的杂物,如毛毯袋（国际航线）、耳机袋、面包包装袋等。

（18）1小时（含）以内航线使用大托盘进入客舱进行整理工作,矿泉水瓶和小吃袋提示旅客放在前排座椅口袋内即可,无须推车收取杂物。

（19）收完杂物后由一名乘务员拿大托盘从客舱的前部到后部,将旅客小桌板上不需要的杂物收走。

（20）乘务员脱掉围裙,携带垫好托盘垫纸的大托盘,由经济舱第一排往后收杂物,整理客舱。

（21）出客舱时,乘务员应将大托盘放在身体一侧,要为旅客收取杂物时再端起。大托盘端至腰间,手握下三分一处,手指不可抠进托盘内。

（22）如回收有水的水杯,水杯应放在托盘内身体的一侧,以防止洒落。

（23）如果大托盘内的杂物已满,为了安全,乘务员应该回服务间处理后再回到刚才离开的排数继续收取杂物。

（四）代旅客加工食品时的服务标准

（1）在飞行中,如有旅客提出乘务员为其进行食品的加工（如泡方便面等）,乘务员要婉言相拒,并做好解释工作。

（2）如在讲明原因后旅客还在坚持的情况下,乘务员在为旅客冲泡方便面时,一定要先把方便面在服务间冷却至温度适中（以不烫手为准）,或提前与旅客协商好,待方便面泡好后,乘务员将热水在服务间倒掉,方可为旅客提供。

（3）乘务员为旅客提供服务时,要加强热餐食在托盘中的防滑度,服务时一定要先提示旅客,确认旅客将餐食接好。

（4）对于旅客提出的要求,乘务员在拒绝时一定要注意自身的语言技巧和态度,不得以公司规定为由拒绝旅客,避免旅客投诉。

（5）如因旅客原因发生意外,乘务员要及时采取必要的补救措施,以便将事故危害降到最低,同时,要及时争取其他旅客的证实,以更好地划分事故责任。

（6）在为儿童服务时,尽量不要为儿童提供热饮,如需提供,乘务员一定要先通过其监护人转交到儿童手中,与此同时,乘务员也要进行及时的提醒。

五、餐饮服务工作

（一）清点

1 餐食清点（见表4-10）

表4-10 餐食清点

名　　称	清 点 方 式
果仁	每一大包装30小包，封口； 如果是散包装用白色塑料袋装，需打开清点，一般为10包
三明治	由于无须烘烤，可用大托盘盛装上机，每托盘12个
汉堡	需要烘烤，当段提供，放在烤箱内上机，每个烤箱40份
饼干	每段5包，暑运等特殊时间段会根据实际情况加配
热食	放在烤箱内上机为当段提供，每烤箱40份（每层4份）； 放在大托盘上机为下段提供，每托盘20份（每层5份）
大点心餐	每车可装60份，可横插或竖插，以实际配备为准
小点心餐	每车可装112份，可横插或竖插，以实际配备为准
托盘餐	每个餐车42份
面包	每袋25份
湿纸巾	随热食餐一起发放，每一大包含50张
刀叉包	随热食餐一起发放，每一大包含150份

2 机供品清点（见表4-11）

表4-11 机供品清点

名　　称	清 点 方 式
矿泉水（330毫升）	每扎12瓶，每箱2扎，共24瓶
矿泉水（1.5升）	每扎6瓶，每箱2扎，共12瓶
袋泡红茶/花茶/绿茶	每包6 g，每袋2包
袋装毛巾（11克）	每包25条
盒装毛巾（15克）	每盒10条

续表

名　称	清　点　方　式
纸杯	每摞 25 个
餐巾纸	每包 50 张

3 其他服务用具清点

咖啡、软饮料、碳酸饮料、咖啡伴侣、糖包、棉织手套、冰桶、冰勺、小吃篮、大托盘、小托盘、壶、洗刷桶、大搅拌棒、小搅拌棒、吸管、一次性手套、大托盘纸、小托盘纸、湿纸巾和铅封等按照实际航班中配备数量清点。

4 清洁用品清点

(1) 每捆垃圾袋为 10 个。

(2) 每包头片为 50 个，头片分长款和短款。

(3) 以上清洁用品，包括枕头、毛毯等按照实际配备数量清点。

（二）检查

1 餐食检查方法

(1) 检查餐盒及热食是否在有效期内（国内生产日期是按照"年、月、日"的格式标注的）。

(2) 抽查餐车内的餐食。需要上、中、下及两侧都进行检查。

(3) 餐食配上飞机后的保质时间为 4 小时。如有冷藏设备的机型，保质时间为 12 小时；如配有干冰，需在烤餐前 30 分钟取出再加热。配备两段或回程餐的航班延误时，每隔 2 小时给餐车每个抽屉内增加一次干冰。

(4) 特殊餐食需要单独向负责航食的人员进行确认，并且要单独放置，不能和普通餐食放在一起。

2 水质检查

用纸杯从热水器盛接水后，静置 3 分钟，观察水质是否透明、是否有沉淀物。

（三）烤餐

1 烤餐流程

地面烤餐—实时监控—（平飞后第一时间）确认温度。如温度不够或有特殊情况，要做好判断、妥善处置。

② 餐食负责人责任

Y 舱餐食负责人应确保餐食烘烤达到要求,并于飞机平飞后,第一时间确认餐食的温度。如用手背测试热食锡纸盒已处于温热或偏凉状态,应请示乘务长,并根据航班时刻确定是否需要重新加热。重新加热时,可在锡纸盒上洒少量水或选择蒸汽模式烘烤,以避免长时间加热导致食物干糊。

③ 烤箱的使用方法

烤箱分布于飞机的前、后舱厨房内。常见的烤箱有传统旋钮式的烤箱和触摸式电子烤箱,B737-800 机型飞机在前舱厨房服务间有 3 个烤箱、后舱厨房服务间有 4 个烤箱,都可以用来加热食品。

1) 电子触摸式烤箱的操作面板(见图 4-32)

HEATINGTIME:加热时间设定及显示。

SERVINGTIME:预设时间设定及显示。

SET:时间锁按钮。

ON/OFF:电源开关及显示。

TEMP:温度设定按钮,HIGH(高温)、MEDIUM(中温)、LOW(低温)。

TIME SELECTOR:时间调节按钮,可双向旋转。

START:开始按钮。

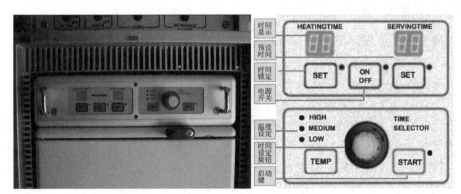

图 4-32　电子触摸式烤箱的操作面板

2) 电子触摸式烤箱的使用方法

(1) 直接加热:

①打开电源开关,开关及中温指示灯亮,两个显示屏显示"00";

②按温度按钮设定温度;

③顺时针方向旋转时间调节旋钮,(两个显示屏开始变化)直至达到所需加热时间;

④按加热时间锁定按钮,指示灯亮;

⑤按开始按钮,加热圈开始加热,风扇开始运转;

⑥当时间倒计时至零时会发出"嘀、嘀……"声,所有指示灯亮起,显示屏闪烁,风扇停止运转,加热圈停止加热。

(2) 预设时间:

①预设服务时间是预定等待时间;

②当设定加热时间后,不按开始按钮,继续顺时针方向旋转时间调节按钮,显示屏显示所需等待时间;预设时间应大于加热时间,最多为99分钟;

③按一下服务时间锁定按钮,指示灯亮;

④按开始按钮,指示灯亮,服务时间开始倒计时,风扇运转1分钟后停止,证明烤箱工作正常;

⑤当服务时间与加热时间一致时,烤箱自动启动;

⑥当时间显示返回零时,风扇停止运转;加热圈停止加热;所有指示灯亮起,显示屏闪烁。

3) 烤箱使用的注意事项

(1) 每次加热之前,必须确认烤箱内除餐食外无其他物品。严禁将烤箱当储物柜使用,将纸、布、塑料制品放入烤箱(纸、布、塑料等制品易燃,塑料制品在高温下会释放出有毒物质)。

(2) 烤箱内无热食时不可空烤。

(3) 烤箱门一定要关好、扣好,防止餐食掉出和水汽、热气散失。

(4) 在通常情况下,将加热温度设定在 MEDIUM 档(中档)。

(5) 如餐盒内有干冰,必须将干冰取出后再加热。

(6) 当烤箱内放满餐食时,要注意小心开门,以防餐食滑落。

(7) 飞机起飞、下降过程中不能启动烤箱。

4 餐食的加热

烤制餐食是厨房乘务员的主要工作,对于不同种类的餐食,要灵活掌握其烤制时间和温度。

1) 餐食烤制方法

(1) 荤菜类及半荤类的餐食选择中档(150 ℃),烤制时间 15 分钟。

(2) 素食餐选择中档(150 ℃),烤制时间 10 分钟。

2) 热食温度标准

热食≥45 ℃、汤及汤面类温度≥50 ℃,如分发时低于标准温度,需要回炉加热达到要求方予以提供。

3) 餐食加热注意事项

(1) 地面烤餐必须避开飞机加油时间,由乘务长和机组明确飞机加油时间,待飞机加油完毕后方可通知乘务员进行烤制。

(2) 餐食加热期间,厨房必须有专人进行监控。

(3) 餐食加热后,如地面时间允许,应将热食放置在餐车内,避免起飞倾斜油汁外漏。

4) 温度监控

餐食责任人要在飞机起飞后第一时间对餐食温度进行监控。如餐食温热或变凉,请示乘务长,是否可以重新加热。

5 回程旅客餐食加热注意事项

有的部分航班会提前配备回程旅客的餐食,为避免回程餐食变质,放在烤箱内的热食上将放置干冰用来冷藏热食。干冰是固态的二氧化碳,一旦被加热,会发生剧烈膨胀,造成爆炸、损坏容器等严重的安全事故。为了确保飞行安全,防止乘务员误将烤箱内的干冰进行加热,现将回程餐食进行加热时的注意事项提示如下。

(1) 乘务员在与负责航食的工作人员交接餐食数量时,必须检查烤箱内回程热食是否放置干冰。

(2) 在加热回程餐前必须将干冰从烤箱内取出(由于在飞行过程中干冰可能会滑到烤箱后部,千万不要误以为没有干冰),各厨房负责人应提前做好检查。

(3) 为防止冻伤,乘务员接触干冰时,一定要使用手套或其他遮蔽物。

(4) 干冰不需回收,使用后及时丢掉。

(5) 如果餐食出现异味、变质、变色等,应随时更换。

(6) 内放干冰保持冷藏的餐食箱(车)在供餐之前不得随便打开,以充分保持冷藏温度,飞机上有冷藏设施的,应迅速启动,保证冷却食品在10 ℃以下保存。

(7) 冷却的热食供应前必须充分加热达到85 ℃,乘务员应根据食品的种类来调节加热的温度和时间。

6 烤箱架子的使用

(1) 配备烤箱架子的航班,应监控过站期间不要让负责航食的工作人员误撤下(基地航班对等交换除外)。

(2) 烤箱架子的配备标准有4层(40份)、7层(28份)和8层(32份)三种,请按照架子数量合理摆放热食,使热食受热均匀,避免油汁外漏。

(3) 所有早出港航班,无论是否配餐(正餐、热便餐等),都必须满配烤箱架子。

(4) B737系列飞机,每个烤架配备4个架子,可放40份热食。过站期间,厨房乘务员应取出架子,由清洁人员对烤箱进行清洁,避免油汁堆积、产生起火隐患。

7 餐食摆放技巧

(1) 使用大托盘摆放热食,一个大托盘上摆放5摞,每摞7层,一共35份热食,然后将大托盘放进餐车内,一辆餐车共放70份热食。

(2) 在摆放热食时需将满车的餐盒取出一部分来,留有70份的餐盒在餐车内,然后再插入热食。取出的餐盒留在服务间内,随时往客舱内填补。

(3) 热食摆放时一定要摆放整齐,擦净热食包装上的油,避免滑落及弄脏旅客衣服。

(4) 发放热食时,可摆放一部分在餐车上面,摆放14摞,每摞3层,一共摆放42份热食。一个航班一般配备两个品种的热食——中式米饭和中式面条,各配备比例为50%。

(5) 餐车上的热食摆放好后要铺上两条毛巾,避免热食滑落。

8 出服务间前确认工作

乘务员统一穿戴围裙,提供餐饮服务。为旅客发放餐食前确认餐食与饮料种类、餐食温度。

(1) 服务间内确认饮料车内饮料及餐食品种保持前后一致。

(2) 热饮提前确认温度,将茶壶、咖啡壶外部擦拭干净。

(3) 餐车推出服务间前,将餐车外部及饮料外包装擦拭干净,保证器具的整洁度。

（4）摆放前确认餐食温度，避免温度较低影响食用的口感。当遇到餐食温度过高时，应适当进行抽查，避免出现烤煳的情况。

（5）开始客舱服务以前，乘务员要逐一检查所供餐食是否符合安全规定，并向所在区域乘务长汇报，得到许可后方可进入客舱服务。

9 厨房卫生管控

（1）使用后及时清洁烤箱、咖啡壶和茶壶。
（2）保持厨房台面干净整洁，餐车及时归位。
（3）及时清理不慎掉落地面的杂物。
（4）避免厨房产生异味。
（5）禁止向垃圾袋内倾倒液态垃圾，以免垃圾袋破损造成渗漏。
（6）避免餐食长时间在烤箱中保温，引发食物变质。
（7）国际航班按标准开启冷风机，避免餐食变质产生异味。
（8）禁止将开启后的牛奶放在保温器中加热。

（四）机供品摆放要求及技巧

1 基本原则

机供品均须放置在装机规定的区域里，且保证已被固定好、锁闭，不会因起飞、颠簸、下降而滑出。

2 具体要求

（1）乘务员严格按照标准化装机规定摆放机供品，禁止将大桶饮料等重物放置在最上层储物格，影响飞行安全。
（2）机供品标准化装机采取备份箱（内附机供品）对等交换的原则，乘务员取用机供品时不要随意调换备份箱和机供品的位置，航后要将回收的机供品直接放置在原备份箱内。
（3）临时更换飞机时，乘务员应协助航机员将机供品、餐食进行合理摆放。
（4）乘务长要将出现的问题记录在乘务日志上。

3 摆放技巧

1）充分利用储物格内的暗格

将当段不立即使用的机供品放入暗格内（如单次航段的小吃、水杯、咖啡包、软饮料等），以便留出多的空间放置当段的供应品，方便拿取。

2）合理安排准备饮料抽屉的时机

由于饮料抽屉比较占位置，为了避免饮料抽屉摆好后无法放进餐车的情况发生，可以考虑在空中餐饮服务之前再准备饮料抽屉。

3）充分利用前后舱餐车、储物格的空余空间

（1）当后舱物品无法放在该舱位的餐车内时，可以考虑放在前舱餐车内，反之亦然。
（2）当餐车内的餐盒不完全满时，可将餐盒合理整理留出部分空间放置塑料饮料架，

将其他机供品放于饮料架内。

（3）咖啡壶无法放置在储物格中时，可在有富余空间的餐车内放入几个托盘，将咖啡壶放入餐车内的托盘上，同时可将放置在餐车外的矿泉水等饮料拆开包装后放在餐车内的托盘上。

（4）饮料抽屉摆在餐车内时，如果将其中的碳酸饮料（可乐、雪碧等）横放，可节约很大的储物空间。

（5）为了客舱安全，乘务员要养成良好的工作习惯，随时将未使用完的机供品（如水杯、软饮料、碳酸饮料、咖啡等）放回储物格内，避免颠簸时造成物品洒落。

（五）驾驶舱餐饮服务

1　驾驶舱餐饮服务原则

（1）为驾驶舱提供饮料或餐食时，要站在驾驶舱内从机组人员侧面将饮料递出。左座从其左侧送，右座从其右侧送，不能从中央控制台上方经过，避免饮料或餐食洒到控制仪表内部造成危险。

（2）提供杯装饮料时，乘务员必须将其放置在托盘上整盘送入驾驶舱，待飞行员取走饮料之后再将托盘取出。

2　为驾驶舱提供液体物品时的注意事项

（1）乘务员应首先选择飞行员自带的水杯为其提供热水及茶品，将手杯、杯盖一同取出。杯中的水不宜加满，拧紧盖子并将杯子外部的水渍擦拭干净后，再提供给飞行员。

（2）为飞行员提供饮料、速溶汤等要使用双层塑料水杯并加盖塑料杯盖，只能倒六至七成满，送入驾驶舱前确保杯盖已完全扣好，按照驾驶舱服务标准进行递送。

（3）提供听装、罐装的碳酸饮料（如可乐、雪碧等）时，乘务员要在服务间先将其打开，并将饮料倒入双层水杯中并加盖塑料杯盖后为其提供，只能倒六至七成满。

（4）热饮温度不能过高，避免飞行员接杯时烫手，而使饮料洒落到驾驶仪表内，从而造成飞行危险。

3　为驾驶舱提供餐食时的注意事项

（1）应将大包餐食或瓶装餐食适量装入双层纸杯中提供给飞行员。

（2）不可将整包的餐食或整瓶的餐食提供给飞行员，如果飞行员自行在驾驶舱内打开整包或整瓶的餐食，则易将餐食溅到驾驶舱设备上，对飞行设备造成污染。

（3）提供餐食配有汤水时，需先将汤水递给飞行员安放好后，再提供餐盘。

4　为驾驶舱提供毛巾时的注意事项

（1）提供湿毛巾时，乘务员要有意识拧一下，毛巾以不滴水为宜。

（2）禁止将湿毛巾直接摆放在驾驶舱的中央控制台上，应将装有毛巾的清洁袋放在驾驶员座位侧面方便拿取的位置。

任务小结

客舱的餐饮服务应掌握饮料服务、餐食服务和垃圾回收服务的流程及规范,根据旅客的不同需求给予良好的餐食服务体验。

思考题

1. 简述特殊餐食供应的注意事项。
2. 饮料服务标准是什么?
3. 餐食服务标准是什么?
4. 简述为飞行机组提供餐食时的注意事项。

任务五 特殊旅客服务

特殊旅客是指在接受旅客运输和旅客在运输过程中,承运人需要给予特别礼遇、特别照顾,或者是需要符合承运人规定的运输条件方可承运的旅客。特殊旅客包括重要旅客、无成人陪伴儿童、孕妇、婴儿、老年旅客、病残旅客、犯罪嫌疑人及押解人员等。

面对特殊旅客,乘务员要尊重、关心或额外照顾他们。乘务员需要具备敏锐的洞察力和灵活处理问题的能力,要善于分析旅客的心理,满足各种特殊旅客的需求。如尊重行动不便的旅客、尊重旅客个人空间和隐私,以及逐步改善和完善硬件设施,为病残旅客提供无障碍环境。

■ 知识链接

《残疾人航空运输管理办法》

2014年12月10日,中国民用航空局发布了关于《残疾人航空运输管理办法》的通知。其中明确规定:残疾人与其他公民一样享有航空旅行的机会,为残疾人提供的航空运输应保障安全、尊重隐私、尊重人格。承运人不得因残疾人的残疾造成其外表或非自愿的举止可能对机组或其他旅客造成冒犯、烦扰或不便而拒绝运输具备乘机条件的残疾人。同时,承运人、机场和机场地面服务代理人应免费为其提供设施、设备或特殊服务。

一、重要旅客

重要旅客简称要客,是指具有一定身份、职务或社会知名度的旅客,航空公司对其从购票到乘坐班机的整个过程都将给予特别礼遇和关照。

(一)重要旅客分类

重要旅客又分为最重要的旅客(VVIP)、一般重要旅客(VIP)和工商界重要旅客(CIP)。

1 最重要的旅客(Very Very Important Person,VVIP)

(1) 我国党和国家领导人。
(2) 外国国家元首和政府首脑。
(3) 外国国家议会议长和副议长。
(4) 联合国正、副秘书长。

2 一般重要旅客(Very Important Person,VIP)

(1) 外国政府部长。
(2) 我国和外国政府副部长和相当于这一级别的党政军负责人。
(3) 我国大使。
(4) 外国大使。
(5) 国际组织负责人、国际知名人士如著名议员、著名文学家、科学家和著名新闻界人士等。
(6) 我国省、自治区、直辖市人大常委会主任,省长、自治区人民政府主席、直辖市长,以及相当于这一级别的党政军负责人。
(7) 我国和外国全国性重要群众团体负责人。

3 工商界重要旅客(Commercial Important Person,CIP)

(1) 工商业、经济和金融界重要的、有影响的人士。
(2) 重要的旅游业领导人。
(3) 国际空运企业组织、重要的空运企业负责人。

(二)重要旅客航班的载运限制

(1) 严禁载运押送犯人。
(2) 严禁接收重病号或担架旅客。
(3) 在接收婴儿、儿童及无成人陪伴的儿童时,应严格按照规定执行。
(4) 航班座位不得超售。

(三)重要旅客的服务

1 航班准备

(1) 乘务员在航前准备时,要提前了解重要旅客的乘机信息(如姓名、性别、职务、职位、座位、喜好等)。重要旅客的位置一般都安排于头等舱,由头等舱乘务员进行服务,如果该航班无头等舱区域的话,那么在航前准备会上乘务长会指定专人负责为坐在经济舱的重要旅客提供服务。

(2) 重要旅客登机前,乘务员需要提前将报纸、杂志、鞋套、眼罩、耳塞和一瓶小矿泉水插放在重要旅客所在位置的前排座椅口袋内。

2 迎送服务

(1) 负责重要旅客服务的乘务员应主动迎接,确认重要旅客的座位,为其提拿和安放行李。如果重要旅客有外套则需询问是否需要将外套悬挂于衣帽间。

(2) 为重要旅客服务时,应全程提供姓氏服务。沟通不限于自我介绍,需轻松、自然地传递乘务员主人翁形象以及对每位旅客人性化的关怀。

(3) 待重要旅客入座后主动为其提供热毛巾,并且为其介绍航班航线信息,以及其座位上的设备和卫生间的位置。

(4) 为重要旅客介绍完毕后应询问重要旅客是否需要茶水、咖啡和饮料,茶水服务应在飞机滑行前提供。

(5) 提供茶水服务后,应询问重要旅客对于餐食的要求,完成预先点餐的服务,餐食应在飞机平飞阶段提供,无须提前发放。

(6) 重要旅客一般最后登机、最先下机,可根据重要旅客的要求而进行调整。

(7) 收到机长的航班着陆信息后主动告知重要旅客目的地到达时间和温度。

(8) 航班落地停止滑行后,乘务员要提前将头等舱与经济舱中间的帘子拉起,主动为重要旅客拿下行李,并进行简单的告别寒暄。

3 餐饮服务

(1) 飞机平飞后为重要旅客提供茶水和餐食服务,乘务员应采取蹲姿的形式进行询问。

(2) 提供茶水和餐食时需使用托盘来进行一对一的服务,茶具、餐具等器具需按照相关要求来准备。

(3) 对于重要旅客提出的餐饮特殊需求应第一时间满足,如因条件限制不能提供时,应先表示歉意,再尽量通过其他方式进行弥补,不要让其感觉遗憾和失望。

(4) 如餐饮服务期间重要旅客在休息,应预留全部类别的餐食各一份,供其醒后选择。

(5) 重要旅客对餐饮方面提出的意见或建议要积极听取和记录,并在航后及时反馈。

二、无成人陪伴儿童旅客

无成人陪伴儿童(Unaccompanied Minor,UM),简称"无陪儿童",是指年满5周岁但不满12周岁,且没有年满18周岁具有民事行为能力的成年人陪伴、单独乘坐飞机的儿童。

无成人陪伴儿童申请应在航班规定离站时间60分钟前提出,由儿童的父母或监护人送到上机地点并在下机地点安排人员迎接。办理无成人陪伴儿童手续时,应由其父母或监护人填写无成人陪伴儿童(UM)运输申请书,内容包括:儿童姓名、年龄、始发地、目的地、航班号、日期,以及送站人和接站人姓名、电话、地址等。无成人陪伴儿童一般按适用成人票价全价的50%购买儿童票,航空公司售票处接受申请并核实无误后,将填写客票信息并向到达站传递无成人陪伴儿童相关乘机信息内容。

■ 知识链接

各机型承运的无成人陪伴儿童人数限制如表4-12所示。

表4-12 各机型承运的无成人陪伴儿童人数限制

机 型	每个航班最多可运载的无陪儿童人数
B737/A320	5名
B767/A330/B787	8名

注:年龄在12周岁至15周岁按成人票价购买客票的旅客,如提出申请,可按无成人陪伴儿童办理,无载运数量限制。

(一) 无陪儿童的乘机条件

(1) 可以在不换机的前提下独自旅行。
(2) 可以在不备降或预计不会因天气原因转移或跳过目的地的航班上独自旅行。
(3) 必须由地面服务人员陪同上机与乘务长交接,且必须备有到达站接儿童的成人姓名及相关资料。
(4) 其座位必须已经确认。
(5) 不可安排在出口座位处。

(二) 无陪儿童的交接责任

(1) 航空公司从接收此无陪儿童起就负全部责任,直到抵达目的地有成人来接为止。
(2) 售票人员根据旅客填写的无成人陪伴儿童(UM)运输申请表为该旅客办理订座和售票,并建立记录文件。
(3) 地面服务人员必须在此无陪儿童外衣上别上统一标志。
(4) 地面服务人员把无陪儿童送上飞机后,应向乘务长说明其目的地和接站的成人的姓名及相关资料。
(5) 乘务长在接收到无陪儿童时,应检查其证件资料,并协助其保管,直到落地后移交给地面工作人员或来接的成人。
(6) 过站时,不能允许无陪儿童离开飞机,除非有地面工作人员或客舱乘务员陪同。
(7) 在没有本航班工作人员的陪同下,儿童不得下机。
(8) 在飞行乘务组换组而儿童未到达目的地时,下机的乘务长负责将此儿童和有关资料移交给地面工作人员或下一组乘务长。
(9) 到达目的地后,负责交接无陪儿童的客舱乘务员将儿童交接给地面工作人员。

（三）无陪儿童的迎送服务

（1）无陪儿童一般最先上机、最后下机。上机时由地服人员送上飞机，乘务长应与地服人员做好交接工作，在同时有多个无陪儿童时，应逐一确认无陪儿童交接单上的信息。负责无陪儿童的乘务员应仔细核对其随身物品的数量（尤其是重要物品，如手机、证件等），并妥善保管好无陪儿童的随身行李、登机牌、个人证件等。

（2）无陪儿童入座后应向其介绍安全带、呼唤铃等设备的使用方法，并告知卫生间的位置。须告知无陪儿童在航班过程中有任何需要都可以按呼唤铃来寻求帮助，当飞机落地后要在位置上坐好由乘务员带领其最后下飞机。

（3）航班落地后，乘务员送客时，窄体机F舱和C舱乘务员送客站位调整至1排H座座椅后且面向机尾方向，以便监控客舱下客情况，防止无陪儿童自己下机。到达目的地后，协助无陪儿童把行李取下整理好，然后带其下飞机。

（4）乘务长与地面人员做好交接工作，确认交接单有地服签字并留存乘务联。

（5）乘坐经停航班的无人陪儿童建议过站时不下飞机，并由专人照顾。如经停航班时间过长，需安排无陪儿童下机时，乘务长与经停站地服人员交接，经停期间由地服人员负责照顾。如遇航班延误、取消等特殊情况，应及时根据无成人陪伴儿童交接单上的成人电话与儿童监护人取得联系，详细说明航班情况，并在监护人的允许下采取相关照顾措施。

（四）无陪儿童的客舱服务

（1）航前准备会上，乘务长指定一名乘务员负责无陪儿童的机上服务，该乘务员需确认无陪儿童数量、姓名、性别等，并在乘务值班室领取无陪儿童卡。

（2）负责无陪儿童的乘务员需引导无人陪儿童到座位就座，并进行服务和看护，同时对无陪儿童的行李及贵重物品进行监控。如有空位，可调至离服务间较近的位置就座，便于乘务员随时照顾。

（3）乘务员需单独为无陪儿童介绍安全带的系法和解法，以及呼唤铃的使用方法。起飞前安全检查时，查看其安全带的松紧度是否适中，同时还应检查座椅扶手是否可以固定，告知他及周围的旅客为了避免不安全因素不要将座椅扶手抬起。

（4）根据航班时长，乘务员可带领儿童旅客参观后舱，并为其简单介绍后舱布局和设备，科普相关航空知识（时间不超过5分钟），无陪儿童需乘务员全程陪伴。

（5）乘务员应根据无陪儿童数量发放儿童玩具与杂志，全程关注无陪儿童的情况，如有不适及时询问，并根据实际客舱温度随时为其增减衣物。

（6）乘务员在平飞阶段应主动询问无陪儿童是否需要上洗手间，如无陪儿童需使用洗手间或离开座位，乘务员要注意看管其随身行李及贵重物品，避免丢失或损坏。无陪儿童离开座位时，由乘务员亲自带领前往和带回；在其使用卫生间的时候，乘务员需在门外等候，并告知无陪儿童不要将卫生间门锁闭。

（7）乘务员需全程监控无陪儿童的安全，当无陪儿童出现不安全行为时，要及时制止以确保其安全。

（五）无陪儿童的餐饮服务

（1）注意提供饮料时，水杯不宜过满，热饮、热食温度应适中。

（2）冷饮应提供吸管，主动为其打开餐盒及刀叉包，介绍餐盒里的食物种类和名称，并询问其食物中是否有过敏原，避免出现过敏现象。

（3）用餐时，提醒无陪儿童注意小桌板上的饮料（尤其是热饮）及热食盒，以免造成无陪儿童衣物污染及意外烫伤。

（4）及时收回用完的餐盒，并多提供一些餐巾纸或湿纸巾为其备用。

（5）禁止向无陪儿童发放坚果类以及经判断无法水溶软化的任何小食品（含经济舱袋装小吃和公务舱小吃）。

（6）配备小吃的航线，可用备用的饼干替代坚果类或坚硬小吃提供给无陪儿童。

三、孕妇旅客

（一）孕妇旅客的乘机条件

从孕妇旅客的特征来看，孕妇容易出现疲惫、嗜睡、尿频、恶心、呕吐的症状，尤其是闻到刺激的气味的时候表现得更为突出。孕妇最明显的变化就是体重增加，导致行动不便，而且由于高空飞行空气中氧气成分相对减少、气压降低，加之客舱内空间狭小等原因，因此航空公司对孕妇旅客运输需要有一定的限制条件。

（1）怀孕32周以内（不含32周）的孕妇乘机，除医生诊断不适宜乘机者外，按一般旅客运输。

（2）怀孕超过32周的孕妇乘机一般不予接受。

（3）如有特殊情况，怀孕超过32周（含32周）但不足36周（不含36周）的孕妇乘机，应提供医生诊断证明。

（4）孕妇旅客有下列情况者，航空公司无法承运：

①怀孕36周（含）以上者；

②预产期临近（4周以内）但无法确定准确日期者；

③已知为多胎分娩或者预计有分娩并发症者；

④产后不足7天、难产，以及早产经医生诊断不宜乘机者。

■ 知识链接

孕妇旅客乘机诊断说明书

怀孕超过32周（含32周）但不足36周（不含36周）的孕妇乘机，应提供医生开具的诊断证明书，诊断证明书应在旅客乘机前72小时内开好，并经县级（含）以上的医院盖章和医生签字方能生效。

诊断证明书的内容包括：旅客的姓名、年龄；怀孕日期、预产期；旅行的航程和日期；是否适宜乘机；在机上是否需要提供其他特殊照料等。

（二）孕妇旅客的迎送服务

（1）孕妇旅客登机时，乘务员应主动问候，帮助其提拿行李，指引入座，安放随身携带物品，注意调节通风口的大小。

（2）乘务员应提供毛毯或枕头垫在孕妇旅客的小腹下，为孕妇旅客讲解安全带的使用方法，并协助孕妇旅客将安全带系在她的大腿根部，为其介绍呼唤铃和卫生间的位置。

（3）乘务员应主动询问孕妇旅客的身体状况，如有不适，乘务员可为孕妇旅客多提供几个清洁袋和小矿泉水，并满足孕妇旅客的其他合理需求，尽量让其感觉舒适。

（4）条件允许的情况下，乘务员可将孕妇旅客的座位调换至距离洗手间稍近的位置。

（5）下机时，乘务员应协助孕妇旅客提拿行李，并送至机门口与地服交接。

（6）针对乘坐经停航班的孕妇旅客，乘务员可征求其意见后决定是否下机休息。

（三）孕妇旅客的客舱服务

（1）乘务员应主动与孕妇旅客沟通，了解其需求。

（2）乘务员在巡舱过程中应随时关注孕妇旅客的乘机情况，如发现有不适的现象，需要主动询问是否需要帮助。

（3）飞行中，如发现孕妇旅客需要从行李架上取拿物品时，乘务员要主动给予协助。

（4）当洗手间排队人数较多时，乘务员可征询前面旅客的意见，让孕妇旅客优先使用，并对给予配合的旅客表示感谢。

（四）孕妇旅客的餐饮服务

（1）乘务员应根据孕妇旅客的喜好推荐适合口味的饮料和食品，果汁类和温水为佳。

（2）孕妇旅客如需加餐应优先提供。

（3）如孕妇旅客需要额外的辣椒酱或咸菜等，乘务员可根据实际配备情况尽量满足。

四、婴儿旅客

婴儿旅客是指出生14天至2周岁以下的婴儿，且婴儿旅客应由年满十八周岁、具有完全民事行为能力的成人陪伴乘机，不单独占用座位。每位成人旅客只能携带一名婴儿旅客，婴儿旅客的票价为全价票的10%。出生不足14天的婴儿和出生不足90天的早产婴儿，航空公司一般不予承运。

(一)婴儿安全带

机上专用婴儿安全带一般储存于第一排的行李架内,婴儿安全带适用于 2 岁以下、不适宜使用婴儿摇篮、没有单独座位且不能独坐的婴儿。

1 婴儿安全带的使用方法

(1)将婴儿安全带装在成人安全带上。
(2)扣好成人安全带并调节长度。
(3)扣好婴儿安全带并调节长度。

2 婴儿安全带的操作要求

(1)在机上有可用婴儿安全带的情况下,乘务员需主动向怀抱婴儿旅客介绍和提供婴儿安全带。
(2)如旅客拒绝使用婴儿安全带,乘务员可不做强制要求,但要在安检时口头提示旅客注意怀抱好婴儿并注意安全。
(3)如配备的婴儿安全带数量少于航班实际婴儿数量,且旅客提出需求但无法满足时,乘务员应婉言告知婴儿安全带配备数量有限,可采取怀抱的形式固定和保护。

3 婴儿安全带的注意事项

(1)婴儿安全带用专用的袋子装配,并常态配备在机上指定位置,袋子上有中英文的"婴儿安全带"(SEATBELT INFANT)字样,以便与加长安全带进行区分。
(2)乘务员航前应检查婴儿安全带是否存放在指定位置、数量是否齐全、是否在待用状态。
(3)乘务员可主动为怀抱婴儿的旅客介绍婴儿安全带,若旅客需要,可为其提供。
(4)婴儿安全带若出现丢失和损坏现象,乘务长应填写客舱记录本。

(二)婴儿旅客的迎送服务

(1)携带婴儿的旅客优先登机。
(2)登机时,乘务员应主动上前帮助抱婴儿的旅客提拿行李、引导入座、协助安放行李,并建议把婴儿常用的物品放在前排座椅下方,便于取用。
(3)婴儿座位的安排必须满足本机型客舱内冗余氧气面罩的分布情况,乘务员要在飞行全程中进行监控。
(4)乘务员在引导带婴儿的成人旅客入座时需要提醒其小心抬放扶手,但无须主动为其抬放。如旅客有需求,乘务员在抬放扶手前应确认婴儿处于安全位置且扶手可以正常固定,扶手无法固定时,应及时告知旅客,有必要时为其调整座位。
(5)乘务员应主动为婴儿提供枕头或毛毯垫其头部,征求旅客意见是否关闭通风孔,防止婴儿吹风着凉。还应为携带婴儿的成人旅客介绍呼唤铃及有婴儿换尿布设备的洗手间位置。

(6)乘务员应告知携带婴儿的旅客,要将安全带系在自己身上,如坐在靠过道的座位,应提示旅客将婴儿的头部朝向内侧,避免他人或餐车经过时碰触。

(7)落地后,乘务员应帮助携带婴儿的旅客整理好随身物品并帮助提拿送下飞机。交由乘务员保管的婴儿车应当在旅客下飞机时提前在廊桥口摆放好。

(三)婴儿旅客的客舱服务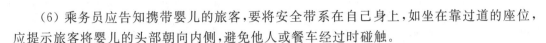

(1)放在客舱里保管的婴儿车,应让旅客知道摆放的位置。

(2)携带婴儿的旅客需要乘务员的时刻关注,但除非旅客请乘务员帮忙,乘务员不主动去抱婴儿。如有特殊情况要与婴儿接触时,乘务员应提前做好手部清洁工作。

(3)配备婴儿摇篮的机型在平飞期间可根据旅客需求为其提供,并铺上毛毯、提供枕头让婴儿平躺,并系好安全带。

(4)通常来说,旅客可以在有婴儿辅助面板的洗手间内给婴儿换尿布。如机上没有该设备,为了不影响其他旅客,可在乘务员座椅上进行更换,需提前铺上毛毯,准备好清洁袋、纸巾等。铺过的毛毯建议后续航班不再使用,做回收处理。

(5)及时清理婴儿旅客座椅周围的纸屑和其他杂物。

(6)全程监控携带婴儿旅客周围的安全,当旅客出现行为不当及周围存在任何安全隐患时,需及时提示旅客,避免不安全事件发生。

(7)根据旅客需求,为其自带的婴儿餐提供加热服务。

(四)婴儿旅客的餐饮服务

(1)分餐时,不可将热食盒直接从婴儿头部上方递送,避免餐食汤汁滴落造成烫伤。同时,应主动询问携带婴儿旅客是否需要为婴儿准备食物、是否有其他特殊要求等。为婴儿旅客提供婴儿餐时,需与家长介绍餐食成分,避免出现过敏现象。

(2)如婴儿家长要求协助冲泡奶粉,应严格按其要求进行冲泡。

■ 知识链接

冲泡婴儿奶粉的常规流程

(1)先将奶瓶和奶嘴用热水烫洗一下,然后按旅客的要求添加适量的温水。

(2)在手背上滴洒少许水,试一下奶瓶内水的温度,调整合适后加入奶粉,并盖上奶嘴和瓶盖,用手摇匀。

(3)送出前将冲好的奶瓶擦拭干净,用小毛巾或餐巾纸包好,然后递给携带婴儿的旅客。

(五)婴儿旅客的安全检查

(1)飞机下降时,可根据情况提醒旅客给婴儿喂奶或喂水,以避免睡觉时压耳。

(2) 使用婴儿摇篮的要及时收回。
(3) 提示旅客将婴儿头部朝身体内侧怀抱,以免落地时的冲力过大而碰伤。

五、老年旅客

老年旅客是指年满 60 周岁乘坐民航飞机的健康老人,分为独立乘机老人和有人陪伴乘机老人。有些老年旅客记忆力不好,容易忘记事情,肢体也不是很灵活,对事物反应缓慢,应变能力较差。但是他们有很强的不服老心态,希望得到尊敬。因此,为老年旅客服务时,乘务员要掌握尊重、安慰、关心、体贴这几个要点。

(一) 老年旅客的迎送服务

(1) 在登机时,乘务员可主动上前帮助老年旅客提拿行李,并搀扶其到座位上。
(2) 老年旅客携带的拐杖等应由乘务员暂时替其保管,存放在衣帽间或封闭餐车内,并在落地后予以归还。
(3) 对于无人陪伴的老年旅客,乘务员需叮嘱落地后不要自行下机,等待乘务员的引领,在情况允许时,可将老年旅客的座位及随身行李调换至离服务间较近的位置,确保其在乘务员能够看护的视线范围内,调换座位的范围仅限于同舱位。
(4) 到达目的地后,乘务员应提醒老年旅客携带好随身行李,并协助其从行李架上取下,然后搀扶其下飞机。
(5) 送客时,乘务员应加强监控无陪老年旅客就座位置,防止老年旅客提前下机。
(6) 乘坐经停航班的老年旅客特别是无人陪伴老年旅客,建议过站时不下飞机,并由专人负责照顾。
(7) 下机时,乘务员应与地面人员做好交接工作,确认"无人陪交接单"有地服签字并留存乘名联。如遇航班延误、取消等特殊情况,应及时根据"无人陪交接单"上的家人电话与老年旅客亲属取得联系,详细说明航班情况。

(二) 老年旅客的客舱服务

(1) 许多老年旅客的腿脚部比较怕冷,乘务员应主动为其提供毛毯,适当垫高下肢。
(2) 由于许多老年旅客的听觉较差,机上广播经常听不清楚,负责老年旅客服务的乘务员应主动告诉其飞行时间,并介绍安全带的系法和解法、呼唤铃的用法、洗手间的位置,以及其他客舱服务设备。
(3) 在起飞前安检时,乘务员应特别注意老年旅客的安全带是否扣好,协助其调节适宜的松紧度。
(4) 无人陪伴老年旅客上机后应由乘务长与地面人员进行签收交接,并指派专人进行服务。
(5) 在平飞过程中,乘务员应多与老年旅客进行沟通,主动嘘寒问暖,如在沟通过程中如发现老年旅客记忆力不好、思维不清晰、身体不适等情况,应及时报告乘务长并安排后续工作,做好特殊旅客情况的监控及服务。

(6) 如老年旅客需要使用洗手间,应及时满足并帮助放好马桶垫纸。对于行动不便的老年旅客,应主动搀扶,并在门外等候,协助其回到座位。

(7) 主动帮助老年旅客或没带近视老花镜的老年旅客填写意见卡等。

(8) 下降安检时,应特别注意老年旅客的安全带是否扣好,主动协助其调节松紧度。如两地温差较大,需提示老年旅客及时更换衣物。

(9) 航班落地前负责照顾无陪伴老年旅客的乘务员应向乘务长反映老年旅客的服务情况。

(三)老年旅客的餐饮服务

(1) 为老年旅客提供饮料时,应适当提高音量、放缓语速。

(2) 主动、耐心地为老年旅客介绍冷饮和热饮的品种,提醒哪种饮料的糖分比较高。

(3) 主动为老年旅客介绍易消化、清淡、易咀嚼的餐食。

(4) 主动为老年旅客打开餐盒及刀叉包。

六、病残旅客

病残旅客是指由于身体或精神上的缺陷或病态,在航空旅行中不能自行照料自己的旅途生活,或需由他人帮助照料的旅客,如移动限制性、视力限制性、听力限制性的病残旅客。

(一)移动限制性的病残旅客

1 轮椅旅客

需要轮椅的病人或伤残旅客,分为三种不同的情况,并用下列代号表示。

1) WCHC

WCHC 即无自理能力的轮椅旅客。旅客自己完全不能行动,需要别人搀扶或抬着才能进到机舱内的座位上,运输受到严格控制。

2) WCHS

WCHS 即有半自理能力的轮椅旅客。旅客不能自行上下飞机,但是可以自己走到或离开客舱座位,运输受到一定限制。

3) WCHR

WCHR 即有自理能力的轮椅旅客。旅客可以自己走到或离开客舱座位和上下客梯车,运输不受限制。

因无自理能力的轮椅旅客需要他人协助才能完成紧急撤离,在没有陪同人员时,应注意以下几点。

(1) 航班座位数为 50~100 个时,无自理能力的轮椅旅客不得超过 2 名(含)。

(2) 航班座位数为 101~200 个时,无自理能力的轮椅旅客不得超过 4 名(含)。

(3) 航班座位数为 201~400 个时,无自理能力的轮椅旅客不得超过 6 名(含)。

(4) 航班座位数为 400 个以上时,无自理能力的轮椅旅客不得超过 8 名(含)。

（5）超过上述规定时，无自理能力的轮椅旅客应按 1∶1 的比例增加陪伴人员，但最多不得超过上述规定的一倍。

2　担架旅客

担架旅客应该安排在客舱的后部，最后 3 排座位是安装担架的位置，安装时会放倒椅背。原则上，每个航班每个航段仅能承运 1 名担架旅客，如超出该数量须报航空公司首席值班员批准后方可承运 2 名担架旅客，第一部担架位置与第二部担架位置对称安排。

被担架运送的人及其护送人员应签订保证书，保证书的内容包括：如出现紧急情况，机组人员和航空公司可能要求在撤离中移动限制性的病残旅客不能先于其他旅客，而且由于要最后撤离等情况所引起的后果均不负责。

3　移动限制性病残旅客的沟通技巧

（1）视同正常人交往，不要存在异样眼光，对待旅客一视同仁。
（2）在迎客时注意与旅客的眼神交流而非直接与地服交接单据。
（3）不倚靠旅客的轮椅。
（4）征求旅客同意后提供服务。
（5）保持对该旅客的关注，但不要过分关注、过分关心，这样会让旅客的自尊心、自信心受到伤害。
（6）协助旅客自助。

4　移动限制性病残旅客的迎送服务

（1）航空公司需提前了解病残旅客信息，如条件允许，病残旅客可优先登机。
（2）乘务长与地服人员做好交接工作，详细了解病残旅客的具体情况（病残部位、病残程度等），并询问是否有特殊服务需求。
（3）由乘务长指派专人引导入座，当因其他原因地服人员未对障碍旅客座位做特殊安排时，乘务员应尽力协助其调换至离出口较近的位置，带活动扶手的过道座位或方便出入、活动空间较大的座位，主动搀扶并协助其坐好。
（4）对于手臂及上肢有伤残的旅客，在其入座后，乘务员应主动送上枕头或毛毯，垫在其胳膊下，帮助系好安全带。
（5）对于有脚伤、腿伤以及其他下肢伤残旅客，在其入座后，乘务员应及时用可用物品协助垫高其下肢，尽量使其感觉舒适。
（6）对于担架旅客，应在登机前了解其座位，提前指派专门的乘务员洗净双手，戴上一次性手套，将一次性无菌床单铺于担架上，使用机上毛毯、枕头等物品将担架尽可能整理舒适，旅客上机后根据病情，让其头朝向机头方向躺卧，系好安全带。
（7）对于随身携带拐杖等的旅客，其辅助工具应由乘务员暂时替其保管，并放置在前舱衣帽间或距离旅客有一定距离的封闭空间内，并在落地后再予以归还。
（8）如需使用窄型客舱轮椅的旅客，乘务员应提前将轮椅拿出，做好准备，面向机头方向将旅客拉入客舱，为其提供带活动扶手的过道座位或方便出入的座位。
（9）如需在舱门处托运轮椅的旅客，乘务员应该主动询问轮椅是否带有锂电池。如有，应该协助拆卸，随身携带。

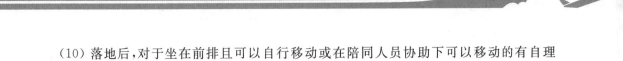

（10）落地后，对于坐在前排且可以自行移动或在陪同人员协助下可以移动的有自理能力或半自理能力的残疾旅客，在地服交接人员到达后，应尽快协助其下机；对于坐在前排且不能移动的无自理能力残疾旅客，应和其沟通协商，征求旅客同意后可安排最后下机。

（11）乘务员将代为保管的拐杖等辅助工具提前拿出并准备好。

（12）下机时，协助陪同人员将病残旅客护送至舱门口，与地面工作人员做好交接。

（13）如病残旅客乘坐经停航班，建议过站时不下飞机，并由专人照顾。

（14）由指定的乘务员戴一次性手套，沿边缘将担架旅客的一次性无菌床单收起，不得触碰床单上的体液或排泄物，应放入黑色小垃圾袋交由清洁人员作为旅客垃圾处理。执行国际航线时，如遇床单上有疑似呕吐物或血液的物体则需通知当地机场检疫部门或机场航医上机处理，该床单不得作为旅客垃圾处理。

5 移动限制性病残旅客的客舱服务

（1）乘务员应与陪同人员积极沟通，询问是否有其他注意事项或特殊需求。

（2）乘务员应随时关注病残旅客的情况，为其服务时要考虑到旅客的意愿，避免过于热情或冷漠而伤害旅客的自尊心。

（3）乘务员面对病残旅客时，不要长时间盯着病残部位，表情应尽量亲切、自然。

（4）在为残疾旅客提供帮助之前，乘务员应尽量征询陪同人员，用最适宜的方式协助病残旅客。

（5）乘务员应协助使用辅助装置行走的障碍旅客进出洗手间。

（6）不要求乘务员在洗手间内就排泄需要提供协助。

（7）乘务员应协助病残旅客放置和取回随身携带物品，包括客舱存放的助残设备。

（8）飞机下降前，乘务员及时告知病残旅客到达时间、温度等信息，并提示其及时增减衣物。

（9）担架旅客需在下降时头部朝机尾方向躺卧，并适当垫高头部，系好安全带。

（10）乘务员应协助病残旅客整理随身物品，提示落地后，其应等待乘务员协助下机。

6 移动限制性病残旅客的餐饮服务

（1）为病残旅客提供正常服务，不得因为旅客身体上的缺陷及病态而显露出歧视、不尊重的表情和出现语言冒犯。

（2）主动协助其放下小桌板，为其介绍饮料、餐食种类。

（3）对于上肢残缺及病情较重的旅客，应将餐食和饮料递送给陪同人员或协助打开包装。

（4）为病残旅客服务时要小心谨慎，注意不要碰触到其伤残部位。

（5）协助担架旅客用餐。

（6）不要求乘务员协助其实际进餐。

（二）视力限制性的病残旅客

视力限制性的病残旅客是指由于各种原因导致双眼视力障碍或视野缩小，而难以从事一般人所能从事的工作、学习或其他活动的旅客。视力限制包括全盲和低视力两种类型。实际保障中，视力限制性旅客分为单独乘机和有成人陪同乘机的视力限制性旅客两类。视力辅助设备有导盲犬、导盲手杖、光学助视器、盲人眼镜、盲人仿生眼镜等。

1 视力限制性病残旅客的沟通注意事项

（1）用语言和旅客沟通确认时，声音应适中，不要过大过小，以免引起周围旅客误解。

（2）应称呼视力受损旅客的姓名，让他知道乘务员是在和他说话。

（3）如果要离开，乘务员应预先通知旅客，不要不做任何表示就转身离开。

（4）如果旅客要求乘务员为其领路，乘务员可让旅客抓着其肘部跟随乘务员，不要抓住旅客的胳膊或推搡旅客。

（5）引领盲人应该走在盲人前半步，让盲人抓住引领者的胳膊随行，并描述周围环境和旅客路线上的障碍。

（6）发出指示或说明时使用日常和确切的语言，不要只指方向或说"在那边""小心"。

（7）为视力受损旅客说明左、右方向时以旅客为准，不要以乘务员为准。可使用"向前走""左转""右转"等用语。

（8）始终通过语言沟通，而不要利用动作、面部表情或其他非语言方式。

（9）如果视力受损旅客伸出手与乘务员握手，乘务员不要拒绝。

2 视力限制性病残旅客的引导方式

1）建立联系

建立联系时，乘务员首先应告诉旅客，乘务员将为其领路，并用肘部轻触旅客胳膊提示旅客抓住乘务员的胳膊。旅客将手搭在乘务员的肘部上侧，其他四指朝里、拇指朝外，让肘部保持适当角度。这种抓握姿势使得旅客在乘务员身后保持半步距离，并能感觉到乘务员身体动作的变化。

2）纵列行走

纵列行走方式适用于拥挤的地点或狭窄的通道。乘务员可将胳膊放在身后，让旅客改为抓住乘务员的手腕跟在乘务员后面，旅客的胳膊完全伸开，乘务员和旅客纵列通过狭窄通道直至空间再次足够两人并列行走时，将胳膊返回常规姿势。

3）换边

某些情况下旅客可能要换边，乘务员可以在静止或走动时告诉旅客需要进行换边。

4）转弯

在告诉旅客需要转弯时，乘务员应面对旅客，旅客用空着的那只手抓住乘务员空闲的胳膊，然后放开乘务员的另一只胳膊，然后双方改变方向继续行进。

5）入座

靠近座位中央时，乘务员应告诉旅客座位是正对还是背对着他，并将用来引路的手放在椅背上，然后旅客可以顺着乘务员的胳膊摸到座椅并确认座椅位置，旅客坐下来时会用腿感觉座位边缘并用手检查座位。

3 视力限制性病残旅客的迎送服务

（1）乘务长与地面工作人员做好交接，安排专人引导其入座，协助其安放好随身行李，将其常用的物品放在前排座椅下方，便于取用。同时让旅客亲自触摸确认自己行李的位置。

（2）为视力限制性旅客介绍座椅周边的环境，特别是呼唤铃的位置。介绍座椅周围设备时，需让旅客用手指一一触摸，以增加记忆。

（3）帮助视力限制性旅客系好安全带，并让旅客自己用手感触安全带的锁扣如何使用。同时介绍紧急出口时，需使用座椅方位或步数方位等进行描述。

（4）携带导盲犬的旅客，应为其安排相应舱位的第一排座位或其他适合的座位。导盲犬不得占座，不得阻塞通道及门区位置，应佩戴安全口罩，且登机前系上牵引绳索，头冲向机舱壁一侧。

（5）导盲手杖应放置在前衣帽间内或封闭餐车内，并告知旅客有需要时乘务员会协助拿取。

（6）下机时协助视力限制性旅客整理随身物品，提醒其落地后最后下机，等待乘务员引导。

（7）在离开座位前，帮助视力限制性旅客检查座椅周边是否有遗留物品，确认无误后再搀扶其下机，并协助提拿行李。

（8）下机后，与地面工作人员做好交接。

（9）如视力限制性旅客乘坐经停航班，建议其过站时不下飞机，并由专人照顾。

4 视力限制性病残旅客的餐饮服务

（1）提供餐饮时，协助视力限制性旅客放下小桌板，主动介绍饮料和餐食的种类，由视力限制性旅客自行选择。

（2）小桌板上放置食物时，需使用钟表指针法介绍杯盘位置，一旦食物放到小桌板上，不得挪动位置或取走，因为视力限制性旅客是靠记忆确认位置的。

（3）与视力限制性旅客交流时注意要有耐心，给其足够的考虑时间。

（4）帮助视力限制性旅客打开餐盒包装及刀叉包，并告诉旅客餐盘内食物的位置。

（5）收餐时，要先征得视力限制性旅客的同意，然后方可收走。

（三）听力限制性的病残旅客

听力限制的病残旅客是指由于各种原因导致双耳听力丧失或听觉障碍，而听不到或听不真周围环境的声音的旅客。听力障碍分为聋和弱听两种类型，实际保障中分为单独乘机和有成人陪同乘机的听力限制性旅客。助听设备有电子耳蜗、助听器等。

1 听力限制性的病残旅客的沟通注意事项

（1）乘务员可通过轻拍听力限制性旅客肘部和肩膀之间的部位引起旅客注意。

（2）说话时乘务员应面对旅客，同时确认旅客是否看懂唇语。

（3）沟通时乘务员应称旅客的姓名，让对方知道乘务员在和他说话。

（4）乘务员也可通过肢体动作进行沟通，必要时写下谈话内容，使用简短的书面信息。

（5）乘务员可通过询问旅客"您明白我刚才说的话吗?"来确认旅客是否明白。

（6）乘务员用语应简短扼要，使用正常声调、正常语速。

2 听力限制性的病残旅客的迎送服务

（1）乘务长与地面工作人员做好交接，安排专人（最好是会手语的乘务员）一对一的服务，并主动引导听力限制性旅客入座，协助安放好随身行李，将常用的物品放在前排座椅下方，便于取用。

（2）乘务员应结合肢体语言为听力限制性旅客介绍座椅周边环境和服务组件，特别是呼唤铃的位置，必要时可用简短的书面信息沟通。

（3）乘务员应为听力限制性旅客示范如何系好和打开安全带。

（4）听力限制性旅客无法听到客舱里的广播信息，因此全程需要专人为其服务和传达各类信息，如飞行时间和航班延误、取消以及临时换飞机、备降、安全演示等内容。

3 听力限制性的病残旅客的餐饮服务

（1）提供餐饮时，可将各种饮料名称或标识主动示意给听力限制性旅客，由旅客自行选择。

（2）与听力限制性旅客交流时注意要有耐心，给其足够的考虑时间。

（3）当与听力限制性旅客使用肢体语言沟通不畅时，不可表现出不耐烦或置之不理的态度，应立刻准备好纸、笔，进行再次沟通。

（4）收餐时，要先征得旅客的同意才可收走。

七、犯罪嫌疑人及押解人员旅客

1 数量限制

（1）同一航班上，押解的犯罪嫌疑人总数不得超过3名。

（2）1名犯罪嫌疑人应由3名押解人员押运。

（3）押解女性犯罪嫌疑人时应当至少有1名女性押解人员。

2 座位安排

（1）犯罪嫌疑人不得与要客同机运输，且不得乘坐头等舱、公务舱。

（2）犯罪嫌疑人应安排在最后一排不靠走廊的位置，但不得坐在紧急出口处。

（3）乘务长应了解被押解人员的座位号并报告机长，如座位安排不符合上述要求，应立即调换。

3 监控要求

(1) 押解人员和犯罪嫌疑人必须在其他乘客登机前登机,在其他乘客下飞机后离开飞机。

(2) 乘务员应告知安全员被押解人员的座位号,提醒安全员负责客舱情况监控,一旦有意外情况及时向机长汇报。

(3) 运输过程注意保密,乘务员应按常规进行客舱服务,避免引起其他旅客的注意和怀疑。

(4) 在押解过程中,如犯罪嫌疑人起身行走或去洗手间应由押解人员陪同,如犯罪嫌疑人单独行动,乘务员应及时提醒押解人员。

(5) 在巡舱期间,乘务员应全程关注犯罪嫌疑人的情绪状态,全力配合押解人员的工作,必要时给予协助。

(6) 在起飞降落时,押解人员不得将犯罪嫌疑人束缚在座位或其他无生命的物体上。

(7) 乘务员不得向押解人员和犯罪嫌疑人提供含有酒精的饮料和尖锐刀具。在经过押解人员检查同意后,乘务员可以向犯罪嫌疑人提供食物和一次性餐具。

4 反馈要求

(1) 押解犯罪嫌疑人的航班,登机时由押解人员将协助押解犯罪嫌疑人乘坐民航班机通知书的第三联递交给空中保卫人员,航后 24 小时内上交保卫部。

(2) 若航班上没有空中保卫人员,第三联应在航后 24 小时内上交所属乘务队,由所属乘务队上交保卫部;如航后不能及时交回,电话向所属乘务队汇报,由所属乘务队向保卫部备案。

5 餐饮服务

(1) 餐饮服务时,乘务员应先征询押解人员意见后再为犯罪嫌疑人提供餐饮。

(2) 乘务员不得向押解人员和犯罪嫌疑人提供含有酒精的饮料和尖锐餐具,可向犯罪嫌疑人提供一次性餐具。

(3) 乘务员为犯罪嫌疑人服务时不必紧张,表情尽量轻松、自然。

任务小结

对于特殊旅客,在机上应根据其特殊性提供更加人性化和细致的服务。一定要区分不同类型的特殊旅客,根据其要求来提供服务,让他们得到一个好的飞行体验。

思考题

1. 为特殊旅客服务的原则是什么?
2. 简述无陪儿童的餐饮服务的注意事项。
3. 简述老年旅客的客舱服务的注意事项。

任务六 航班延误服务

一、航班延误现象

随着航空业的快速发展,人们的生活水平逐渐提高,越来越多的人选择飞机作为外出远行的交通工具。经常乘坐飞机的人应该在候机楼里面看到过这么一种现象,就是候机厅里时常聚集着一大堆旅客围着柜台与机场地勤工作人员剑拔弩张的画面,广播里循环播放着:"前往××地方的旅客,我们非常抱歉地通知您,您选乘的××航班因天气原因将延误至××点起飞。"而碰到航班延误的时候,很多旅客的心情往往从无尽的等待开始,看着航班显示屏不断刷新的航班信息,慢慢变成了不耐烦,而后变成了激动,最后是歇斯底里地怒喊:"我们都等了半天了飞机,为什么还没有来,今天还能不能走了。"

当机场出现这样的现象,就是航空公司地勤人员"悲剧"上演的时候,此时无论工作人员如何致歉,旅客也已经完全感受不到,部分旅客也会拒绝接受航空公司的任何道歉和补救措施,如拒绝安排的延误餐、拒绝接受航班的改签退票,严重的还会出现"霸机"现象。如果你是航空公司机场工作人员,遇到这种情况,你会怎么做?

我们要有效处置机上延误,提升民航机上服务质量,维护消费者合法权益和航空运输秩序,提高不正常航班决策和处置能力,最大限度地减少航班延误所造成的影响。当发布航班延误信息时,民航工作人员要严肃对待,严禁向旅客擅自发布信息或发布未经核实的信息。

二、航班正常率

我国的民航在近几十年来飞快发展。根据国家统计局的数据显示,2015年我国民用航空航线数量3326条,2018年增加到4945条,2019年增加到5521条;2019年,全国民航旅客运输量突破6.6亿人次,比2018年增长了7.9%。这意味着,我国航班延误的班次、旅客数量会随着航线、旅客出行数量逐年增加而升高。

航班延误是影响机场以及航空公司运行效率和服务质量的一个非常重要的因素,通常用航班的正常率来衡量机场以及航空公司的运行效率和服务质量。航班正常率又称为航班正点率,是指航空公司在执行一个航班任务时,飞机的实际撤轮档时间与原定撤轮档时间相同的航班数量与该公司所有航班数量的一个比例。从全世界来说,航班正常率最好的航空公司也达不到90%,而中国民航的航班正常率一般维持在70%左右,也就意味着我们每天10个航班中就有3个航班会造成延误。航空延误多是由不可抗力引起的,如天气限制、空中交通管制、飞机机械故障、旅客晚点、由于飞机调配而造成的飞机晚点等。

一般来说,在执行航班任务时,乘务员应时刻铭记安全>正点>服务的工作要求;在符合航班要求的执勤期、休息期的情况下,任何人不得以个人理由影响航班的正点(证件管理、备份不在位、迟到、漏飞、餐食机供品核对不清楚等乘务员自身原因都可能影响到航班正点率)。

三、航班延误的相关概念

（一）航班延误的定义

航班延误通常是指航班实际生产运行过程中由于不可抗因素造成航班无法按时抵达的现象。即指在原先计划计算好的航班降落时间的基础之上，比起航班时刻表上的时间要更加推后的情况。

机上延误是指航班飞机关舱门后至起飞前或者降落后至开舱门前，旅客在航空器内等待超过机场规定的地面滑行时间的情况。机上延误一般是由机供品配备不当、空中管制、飞机机械故障、天气原因、旅客原因、军事活动、机场原因等造成的。因机务维护、航班调配、机组安排等航空公司自身原因造成飞机延误或取消的，并由此给旅客造成损失的，根据《中华人民共和国民法典》第820条规定，航空公司应该承担赔偿责任。转乘机票赶不上，如果被认定为因航空公司造成的间接损失的，航空公司也需赔偿。

（二）航班延误后航空公司应尽的义务

当航班发生延误时，航空公司有将航班延误信息及原因尽早告知旅客的义务，以及对于航班延误后的补救义务和由于航班延误导致旅客个人利益损害的赔偿义务。告知是指在得知航班延误之后要立即将延误信息传达给旅客，并解释航班延误缘由、航班后续安排，以及告知旅客对于航班延误该公司相关的补偿标准；补救是指及时安排疏通旅客，为旅客安排可以改签的航班，防止发生旅客拥堵值机柜台聚众闹事的现象；赔偿是指航空公司因自身原因导致航班延误而对旅客进行的经济补偿。

（三）航班延误时旅客拥有的权利

发生航班延误的情况后，旅客应该享有知情权、自主选择权、索赔权这三项基本权利。知情权是指有权利知道航班延误造成的原因；自主选择权是指如果是由于航空公司原因造成的延误，旅客可以选择改签、退票或者是航空公司给予旅客经济补偿和住宿的安排的选择；索赔权指的是旅客可以针对其航班延误的情况要求航空公司给予相关的赔偿。对于现金的赔偿，航空公司一般都有相应的时间限制要求，只有航班延误在4个小时以上才会有现金补偿。

四、航班延误服务的处置流程

（一）旅客未登机前

（1）沟通：乘务长与机组、地服、航食、客舱及其他相关单位协调航班保障情况。
（2）通报：将延误原因、旅客信息等情况通报机组人员。

(3)布置:调整航班服务预案,明确服务要求。
(4)落实:旅客登机前的准备情况。

(二)旅客登机后

1 广播

1)飞行机组广播的要求
(1)当超过飞机起飞时间10分钟内进行首次延误广播。
(2)在滑行道上等待超过20分钟进行致歉广播。
2)乘务组广播的要求
(1)每次延误致歉广播都应及时、要有实质性的进展,或给予旅客明确的延误情况说明。例如,"由于机场流量控制,每架飞机的起飞间隔为5分钟,目前我们的飞机排在第六位""由于飞经地××上空雷雨,现在进行流量控制,没有具体等待时间"等。
(2)乘务组在广播时,能够从旅客的角度出发,换位思考,合理说明延误的具体情况,尽量使用旅客容易理解的语言方式。
(3)及时与机组沟通协调,可要求机组进行广播,效果好于乘务组进行广播。
3)广播时机
(1)当超过飞机起飞时间10分钟时,主动与飞行机组协调沟通,确认延误原因、预计等待时间,并提醒机组进行首次致歉广播。
(2)当机组广播后,如乘务组需要进行服务类的广播提示,可再次进行广播。
(3)如飞行机组繁忙,无法及时广播致歉,则由乘务组进行首次致歉广播。
(4)遵循每20分钟广播通报一次的原则。
(5)如获得最新情况进展,应立即进行广播,不受上述间隔时间的限制。
4)其他注意事项
(1)在航班延误时,除客舱广播外,乘务员应及时在客舱内安抚旅客情绪。
(2)在为旅客解释延误情况时,乘务员应尽量将具体延误的信息解释清楚,使旅客真正明白延误的原因。
(3)如遇军事演习等军方原因导致的延误,客舱经理(乘务长)应请示机长后酌情广播告知旅客延误原因。
(4)若在延误期间旅客要求下机等待或终止行程,客舱经理(乘务长)应广播告知旅客不安排下机的原因。
(5)客舱经理(乘务长)应根据延误时间的长短提供有效的服务,以对乘客进行一定的补偿。

■ 知识链接

延误广播

女士们、先生们:
我们非常抱歉地通知您,由于_____(如下所示),飞机暂时不能起飞。

请您在座位上休息等候,我们的机长正在积极与塔台保持联络,有进一步消息,我们将立刻通知您,对于航班延误给您带来的不便,我们深表歉意。

感谢您的耐心等待和谅解。

(1) 交通管制;

(2) 天气(大雾、雷雨、暴雨、台风、大雪、冰雹);

(3) 机械故障或技术原因;

(4) 行李装载或等待装货;

(5) 随机文件未到;

(6) 飞机或跑道需要除冰;

(7) 因有旅客临时取消行程,基于安全原因,地面工作人员正在卸下其托运行李等。

Ladies and gentlemen,

We are sorry to inform you _____ (Shown as follows), our departure will be delayed.

Please remain seated. We will keep you informed. On behalf of _____ airlines, we apologize for any inconvenience and thank you for your patience.

(1) Due to air traffic control at _____ airport / en route;

(2) Due to unfavorable weather conditions at _____ airport / en route (heavy fog / thunderstorm / heavy rain / typhoon / heavy snow / ice storm);

(3) Due to mechanical trouble or technical reasons;

(4) Due to luggage loading or cargo loading;

(5) Flight documents haven't been sent to the aircraft;

(6) Due to deicing of the aircraft or the runway;

(7) Because a passenger canceled journey, the ground staff need to off-load the checked luggage for security reasons.

2 安抚(旅客情绪、耐心对待)

(1) 及时开启娱乐系统。

(2) 乘务员进行不间断巡舱,并根据延误时间为旅客提供矿泉水、茶水、小吃服务等。

(3) 客舱经理(乘务长)必须进行巡视客舱,解答旅客疑问,安抚旅客情绪。

(4) 为休息旅客提供报纸、杂志,以及毛毯、枕头服务。

(5) 记录旅客需求,及时反馈给乘务长。

3 处置(解答疑问、满足要求、及时汇报、随时沟通)

(1) 确保广播及时准确。

(2) 特殊旅客(如F舱和C舱旅客、VIP、无人陪伴老年人和儿童、孕妇、伤残旅客等)需有专人负责监护。

(3) 信息通畅。空中、地面需及时沟通,相互通报旅客所反馈的问题。

(4) 尽力帮助转机旅客。与相关部门取得联系,落实旅客后续航班的转乘情况,将信息及时告之旅客本人。

4 实施(延误情况下的服务,合理分工)

(1) 根据客舱氛围和旅客需求,第一时间为旅客播放客舱娱乐节目,窄体机公放时应选择适中的音量,以免影响旅客休息;宽体机娱乐系统在安全须知播放后开启,延误期间乘务组可及时向旅客介绍娱乐系统使用方法,着重针对老年人、儿童等特殊旅客,为休息旅客关闭娱乐系统屏幕,保证其不受屏幕光线干扰。

(2) 当航班发生延误时,在不影响航空安全的前提下,乘务员应第一时间开启洗手间供旅客使用。

(3) 航班延误期间,乘务长必须合理地将乘务员分布在客舱工作,要求服务间和紧急出口区域必须有乘务员进行监控。

(4) 地面等待,正值用餐时间,乘务长有权决定是否需要增配餐食。

(5) 航班延误等待期间,乘务员应主动了解旅客需求。如等待时间较长(＞1小时)且正值供餐时间,乘务组应在地面为旅客提供餐饮服务;非供餐时间,可为旅客提供饮料服务。

(6) 当飞机空调制冷效果不好时,乘务员可通过机组联系地面空调车。在空调车无法到位的情况下,乘务员应设身处地地为旅客着想,及时为旅客提供冰水,打开通风孔,注意关注身体不适的旅客。

(7) 如果延误时间超过1小时30分钟(含)且机上空调制冷效果不好时,乘务长可征询机长意见,在机长同意的情况下,让旅客前往候机室休息等候。

(8) 如果机上延误超过3个小时(含)且无明确起飞时间的,乘务长需提前要求机长联系地面服务人员(外站飞行时联系代办人员),并与地面服务人员做好旅客相关信息的交接(如有无转机人员、退票人员等),地面服务人员负责引导旅客到候机楼休息区等候登机。乘务组负责在旅客下机前进行相应的广播提示(包括随身行李的携带、保留登机牌等)。

(9) 厨房乘务员应注意监控饮料食品的使用情况,如需加配,提前告知乘务长。

5 重点关注(从旅客的角度出发,换位思考,尽力为旅客排忧解难)

1) 转机旅客、终止航班旅客

(1) 广播:寻找行程变化的旅客,乘务员逐一登记。

(2) 收集信息:行程信息、行李情况、特殊要求、旅客人数。

(3) 报告:对象(乘务长、机长);内容(以书面形式记录并报告收集到的信息);时机(第一时间)。

(4) 信息反馈:路径(机长、乘务长、组员、旅客);内容(地面协调的情况、后续行程的安排)。

(5) 协助:如有必要,应调整旅客座位,确认随身行李物品。

2) 情绪激动、要求索赔旅客

(1) 致歉:态度诚恳、换位思考、语言技巧。

(2) 沟通:倾听旅客需求、告知延误原因。

(3) 安抚:安抚旅客情绪、通报最新情况、取得旅客谅解。

(4) 报告:报告旅客状态、特殊需求、解决程度。

(5) 弥补:组员协作、个性化服务、适时沟通。

(6)延伸:寻求帮助、空地协调、反馈相关部门。

五、航班延误的安全处置措施

航班发生延误时,可能会出现危及飞行安全和扰乱秩序的行为,如殴打机组或威胁伤害他人、违反规定开启机上紧急救生设备、强行霸占航空器等,具体处置措施如下。

(一)殴打机组或威胁伤害他人

当发生以暴力形式抗拒或阻碍空中保卫人员执行任务,或暴力袭击、殴打空中保卫人员(机组人员)事件时,空中保卫人员应立即出来制止。

对不听制止者予以制服,并采取管束措施。待飞机降落后,移交机场公安机关处理。

(二)违反规定开启机上紧急救生设备

机上紧急救生设备包括:紧急脱离航空器的舱、门、梯等设施,供救生脱险用的救生衣、救生船、灭火器、急救箱,供报警呼救用的灯、光、电等设备物品。

(1)对于偷窃、故意损坏紧急救生器材设备的,机组人员应及时采取措施消除危害,并将行为人及相关证据移交机场公安机关处理。

(2)对于无意触碰、开启机上紧急救生设备的,机组人员应及时制止。未造成后果的,可对行为人进行教育;致使设备损坏、造成严重后果的,机组人员应采取补救措施,并及时收集有关证据,移交公安机关依法处理。

(3)机长应指令机组人员在旅客登机后进行必要的通告和宣传,对机上紧急设备进行经常性检查,空中保卫人员要注意及时收集非法行为证据。

(三)强行霸占航空器

1 旅客霸机处置原则

(1)保障航空器及设备安全。
(2)安抚旅客情绪,维护航空公司利益和形象。

2 旅客霸机处置流程

(1)首先安抚旅客情绪,及时制止旅客霸机、占机行为,避免事件的恶化。
(2)当制止无效时,乘务长应及时报告机长通知机场公安及场站或代办人员处理,同时将具体情况报告乘务调度席,飞机上是否留乘务员须听从当日首席值班员指示。
①机上不留乘务员:首席值班员指示机上不留乘务员时,乘务长须与公司地面的服务人员做好交接工作,交接事宜包括机上设备维护、服务用品及餐食位置、客舱服务注意事项以及旅客情绪和要求等。
②机上留乘务员:原则上窄体机留2人、宽体机留4人,以兼顾安全和服务工作,具体

留几人听从首席值班员值班指示。乘务长进行留人安排,按照以下优先顺序进行操作:空警或专职安全员—兼职安全员—乘务长—乘务长指定人员。

③留机人员的职责如下。

安全职责:留在飞机上的乘务员,应监控霸机人员,禁止霸机旅客进入驾驶舱,以及触碰及破坏门区、紧急出口、应急设备等。

服务职责:注意安抚旅客情绪,主动满足霸机旅客的服务需求,禁止旅客自行进入服务间拿取任何物品。

当地面服务人员上机处理旅客霸机事宜时,留机乘务员须与其做好沟通,以便共同应对霸机旅客。

六、航班延误服务的工作内容

航班延误服务的工作内容如表 4-13 所示。

表 4-13 航班延误服务的工作内容

序号	延误时长	工作内容
1	10～30 分钟	第一次延误广播; 提供报纸杂志; 发放儿童拼图; 进行客舱巡视; 播放音乐娱乐视频; 保持盥洗设备正常使用
2	31～60 分钟	每隔 30 分钟进行延误广播,告知旅客航班最新动态; 继续播放音乐、娱乐视频,视情况播放《航延面面观》宣传视频; 进行客舱巡视; 提供饮料服务; 遇供餐时间如有果品、点心等,客舱经理或乘务长可视情况调整服务程序,但需联系总部配餐部协调航班后续配餐; 保持盥洗设备正常使用
3	61～120 分钟	每隔 30 分钟进行延误广播,告知旅客航班最新动态; 继续播放音乐、娱乐视频; 进行客舱巡视; 遇供餐时间提供餐食服务、饮料添加服务; 如有旅客要求终止行程,应及时报告机长,通知地面服务人员,特别留意该旅客有无交运行李,协助完成相关程序; 保持盥洗设备正常使用

续表

序号	延误时长	工作内容
4	121～180 分钟	每隔 30 分钟进行延误广播,告知旅客航班最新动态; 继续播放音乐、娱乐视频; 进行客舱巡视,饮料添加服务; 下降前乘务组二次致礼; 保持盥洗设备正常使用
5	181 分钟及以上	无明确起飞时间,在不违反航空安全、安全保卫规定的情况下,根据航空公司安排及机长指令,配合做好旅客下机等待工作; 如遇航班大面积延误、备降预计机上长时间等待(超过 2 小时)等情况,客舱经理或乘务长应提前联系总部配餐部协调配餐,做好餐食预订,保证餐食准备时间,为后续航班服务做好保障

根据交通运输部制定《航班正常管理规定》(2016 年第 56 号)要求,航班关舱后延误时长超过 3 小时,需记录并提交航延时客舱服务工作执行情况。如发生此类情况,客舱经理(乘务长)应将航班延时相关客舱服务工作内容(如第一次进行客舱广播的时间、开始和结束餐饮服务的时间等信息)以时间点和执行情况的形式详细录入乘务日志并按时提交。由业务处整理汇总提交运行指挥部,以便备查。

任务小结

针对航班延误的特殊性,一定要做好延误信息的播报工作,安抚旅客情绪,防止矛盾激化。

思考题

1. 简述旅客登机后航班延误服务处置流程。
2. 简述旅客未登机前航班延误服务处置流程。

任务七　航班到达准备

一、机供品回收

乘务长及各舱位负责人应秉承诚实、节约的原则,重点管控物资清点准确率要求达到

100%,其他物资准确率达到60%即可。乘务员应认真清点与回收,秉承"归位回收"的原则。

(一)机供品回收时间

(1)在落地前40分钟开始机供品回收清点工作,各舱位单据签收人对机供品、用具等进行清点,将不再使用的物品回收放入餐车或储物格内,尽量做到物归原处,以方便清点。

(2)对于下降及落地期间有可能使用的机供品,如矿泉水、水杯、毛巾等,可在落地后填写实际回收数量。

(二)明确航班中各项单据签收责任人

(1)餐食配备结算单、机上清洁用品配备回收单等单据统一由乘务长核对确认后签字。

(2)随机供应品、服务用具配备回收单和餐具、餐车配备交接回收单由各舱位负责人核对确认后签字,但总负责人为乘务长。

(3)单据签收人责任:负责清点、核实、签收物品实际配备和回收情况,对物品数量负责。

(三)机供品回收要求

1 一般物资

(1)茶叶类:机上配备的花茶、绿茶和红茶等袋装茶,每袋6克,一袋可泡2次,统一使用"袋"为单位回收,茶袋拆分后不做回收。

(2)吸管、搅拌棒、纸巾:整包吸管、搅拌棒按使用后剩余比例计量方法回收,如回收吸管"1/2"或"3/4"等;单独包装的按实际数量回收;打开包装袋的纸巾不予回收。

(3)饮料类:开盖的饮料不回收,整瓶、未开启的按实际数量回收;矿泉水按照实际剩余数量回收。

(4)行李架、储物格内的机供品(如意见卡、拖鞋、大托盘等)要及时归位。

(5)清洁用品中的护手霜、洗手液、香水、空气清新剂等全部回收,已使用完的回收空瓶或外包装,单据填写方式为"×+×空"。如某航班配备3瓶护手霜,消耗1瓶、回收2瓶,则单据回收栏应填写"2+1空"。

(6)餐车、餐具等在外站要遵循"对等交换"的原则,且不得出现其他航空公司用品。

(7)小吃:总配备数-(旅客人数+机组人数)×105%。

(8)水杯:总配备数-(旅客人数+机组人数)×1.5个(短航线)或×3个(中长航线)。

(9)毛毯:国内航线全部回收,即回收数=总配备数。

(10)洗漱包:国际含税洗漱包需按照实际旅客发放数回收,填写保税品核销单,免税洗漱包落地前按实际数量回收。

(11)其他机供品按剩余机供品的实际数量进行回收。

2 重点管控物资

(1) 机供品重点管控物资种类及回收数量填写说明。

(2) 机供品重点管控物资为价值较高、日常损耗量大的物资,包含机供品、餐具、清洁用品等。

(3) 机供品单据上标注"＊"符号的机供品为重点管控物资。

（四）机供品单据

1 机供品单据交接流程

第一联:乘务员确认配备物资与数量后签字由负责航食的工作人员回收留存。

第二联:乘务员填写所有物资的实际回收数,与代理单位签字交接后,交回各属地单据回收处留存,由各属地乘务服务中心监控单据回收及单据留存台账的登记情况。

第三联:乘务员与代理单位交接签字确认后由回收站代理单位回收留存。

2 回收单填写要求

(1) 单据填写要完整,资料和签名字迹要清晰,乘务长在签名时应用正楷字体并保证字体的一致性。更改回收数量时,应在空白外重新填写,并注明更改原因、加签姓名。禁止在原数上更改,不能出现模棱两可的数据。回收量为零时,需用"/"表示。

(2) 随机供应品、服务用具配备回收单,餐具、餐车配备交接回收单和机上清洁用品配备回收单必须如实填写,需注明使用年月日、飞机号、航班号、旅客人数及飞经的所有航段等信息,对无须填写内容的空格处要用"/"填写,不得有空白。

(3) 随机供应品、服务用具配备回收单,餐具、餐车配备交接回收单和机上清洁用品配备回收单必须注明机供品、服务用具的品种、数量、单位,单据上未注明单位的,按照最小的记数单位填写,如瓶、听、张等。

(4) 乘务长在随机供应品、服务用具配备回收单和餐具、餐车配备交接回收单的第二联、第三联逐段填写每一航段的旅客实际人数,如有 C 舱和 Y 舱旅客,应按"C""Y"舱分别进行标注。

(5) 乘务长对机供品严格监控,按规定回收,避免机供品流失及超标消耗机供品。

(6) 乘务长严格按照要求使用机供品,特殊情况下乘务组需要超标消耗机供品,乘务长应在配发回收单上注明原因并签字。

（五）机供品回收单上交原则

1 基地航班

乘务长在航班结束后 2 日内将随机供应品、服务用具配备回收单,以及餐具、餐车配备交接回收单和机上清洁用品配备回收单等相关单据交由基地的指定存放处。

2 过夜航班

外站过夜的航班,返回基地后1天内上交。

3 其他注意事项

(1) 乘务长需要在航后或换组时填写机上清洁用品配备回收单,如毛毯、香水、护手霜等有丢失,要在"非易耗品丢失原因"栏注明丢失数量和原因,同时在"乘务长签字"栏签字确认。

(2) 对于临时补配,乘务长需在机上清洁用品配备回收单上签字且注明补配原因。

(3) 如缺少非必需品,应保障航班正点,乘务长要在回收单据备注栏里注明,如××站配上××航的餐车××部、××站配备餐车××部,并在乘务日志中的航班意见收集——餐食、机供品与客舱娱乐类中反馈。

(4) 严禁利用工作之便克扣、私拿、私分机供品及将机供品挪作他用。

(5) 贵重物品应当面交接。

(6) 航后乘务员必须与航机员进行当面交接单据和机供品,并对没有放置在指定位置的机供品等进行单独交接,若航机员在航班落地开舱门后10分钟仍未到位,乘务长需在回收单据备注栏里注明。

(7) 如发现负责航食的工作人员存在野蛮装卸、私改机供品单据、模仿乘务长签名、私拿机供品或不制止其他地面人员在机上私拿机供品等违规行为,乘务长应立即电话通报各属地客舱供应室生产联络员,并在乘务日志中反馈。

二、紧急出口资质再次确认

在播放下降前广播之前,紧急出口负责人(一般为非学员的最低号位乘务员)需要进行落地前紧急出口就座旅客资质的再次确认,确认旅客是否与起飞前一致。如果有与原先不一致的情况,应该委婉地告知原本不应坐在紧急出口座位的旅客:"我们飞机马上就要着陆了,为了飞机的配载平衡需要,麻烦回到原位置就座。"确认完毕后,应将紧急出口就座旅客的情况报告乘务长。

三、到达信息获取

飞机下降前,乘务长应主动从驾驶舱获取航班到达时间、机场室外温度等信息,并使用内话方式通知全体乘务员,如无确切的时间、温度等信息,乘务长不得延误下降广播时机,应按照计划到达时间及时进行广播。后续有明确信息后,再在落地广播时主动告知。

四、下降前广播

飞行下降前,客舱准备广播时机为在航班到达前40分钟进行。

■ 知识链接

> 下降前广播——落地时间预报和下降安检

尊敬的旅客朋友们：

我们的航班预计在北京时间_____时_____分到达_____机场，根据现在收到的天气预报，_____机场的天气为_____（晴、多云、有雾、有雨、有雪），地面温度为_____℃，请各位旅客提前整理好您的随身物品。现在飞机已经开始下降高度，请您配合乘务员做好客舱安全检查工作，在位置上坐好，系好安全带，收起小桌板，调直座椅靠背，打开遮光板，下降期间洗手间停止使用，为了飞行安全请关闭手提电脑等电子用品，谢谢您的配合。

Ladies and gentlemen,

We will be landing at _____ Airport in about _____ minutes. According to the latest weather report, it is _____ (clear/cloudy/foggy/rainy/snowy) in the downtown and the temperature is _____ degrees centigrade. We are descending now, please fasten your seat belt, bring your seat back and table to the upright position, please open the window shades. Lavatory is not allowed to use during descent. To be safe, all electronic devices such as portable computers should be turned off. Thank you.

五、下降前客舱安全检查

（一）客舱安全检查标准

在飞机落地前20分钟，客舱乘务员应完成下列客舱安全检查。为保障安全，乘务员有权要求旅客遵守。

(1) 确认每位旅客已入位就座，确认每位旅客系好安全带。
(2) 禁止吸烟。
(3) 椅背竖直，脚垫收起，座椅扶手平放。
(4) 扣好小桌板。
(5) 所有帘子拉开系紧。
(6) 拉开遮光板。
(7) 确认衣帽间、储物柜等储藏空间已锁闭，行李架扣紧。
(8) 确保紧急出口、走廊过道及机门近旁无任何手提行李。
(9) 紧急出口座位旅客符合乘坐规定。
(10) 婴儿被用婴儿安全带固定或由成人抱好。
(11) 确认所有移动电话、便携式电脑等电子设备已关闭并存放好。
(12) 洗手间无人占用，盖好马桶盖并上锁。

(13) 无人座椅上的安全带已扣好。
(14) 厨房内柜子、餐车等设备均固定好,并使用手势语确定。
(15) 调暗客舱灯光。
(16) 每个电视屏幕已被收好。
(17) 确认烤箱、热水器等非必须使用的电器电源关闭。

(二) 安全检查要求

(1) 安全检查包括客舱安全检查、服务间安全检查、洗手间安全检查及乘务员自身安全检查。
(2) 窄体机经济舱由两名乘务员(最低号位)完成安全检查工作:一名由经济舱第一排至紧急出口,另一名由紧急出口至经济舱最后一排。
(3) 乘务员应保持大方、优雅的举止,切不可以命令式的口吻对待旅客。
(4) 安检要从上至下依次进行,行李架、座椅靠背、遮光板、小桌板、安全带、客舱通道等,做到不漏检。
(5) 安全检查程序必须独立完成,不得与其他工作混合。
(6) 紧急出口处不得有任何物品堵塞。
(7) 客舱安全检查完毕后需报告乘务长:"报告乘务长,客舱安全检查完毕。"而后由乘务长和2号乘务员复检,乘务长从前舱检查到后舱,2号乘务员从后舱检查到前舱。
(8) 客舱安全检查完毕,乘务长发布"乘务员就座"口令:乘务员立即就座,做好客舱安全监控,Crew be seated。同时向驾驶舱发出事先约定好的"客舱准备就绪"的信号。乘务员坐在规定的座位上,系好安全带(包括背带),两手放在座位两侧,或两手相握放在腿上,两腿并拢平放。

(三) 注意事项

(1) 客舱安全检查程序可与下降前客舱准备广播同时进行。乘务员在客舱安全检查工作过程中无须直接回收杂物、毛毯、耳机等物品,仅限旅客向乘务员主动递交时收回。注意:在飞行过程中,乘务员需要随时整理客舱卫生,及时收回旅客不需要的杂物,避免下降安检期间集中收回;回收毛毯工作可在落地清舱时进行。
(2) 客舱安全检查的顺序应从上至下依次进行:行李架、座椅靠背、遮光板、小桌板、脚踏板、安全带、客舱通道。每一位旅客都需要检查到位,做到不漏检。
(3) 落地前安检完成时间及乘务员入座时间应在落地前20分钟完成。
(4) 下降前客舱准备广播后至落地前20分钟乘务组入座前,如机组提出合理用餐需求,乘务组可视情况提供,注意避开旅客服务时间。
(5) 下降前客舱准备广播后至落地前30分钟,如旅客主动提出饮水等非用餐需求,应视情况满足旅客。
(6) 落地前30分钟至落地前8分钟期间,旅客机组人员的生理需求,应视情况满足,做到快速处置,提示并做好安全防护。乘务员应确保落地前8分钟就座并系好安全带。乘务长复检后,通过"CABIN READY"系统或预先协调的程序通知飞行机组"客舱准备完毕"。

(7)乘务员在服务间或客舱中要注意自我保护,遇到颠簸时立即采取就座或蹲下等保护姿势,养成就座即系好安全带的习惯。

六、下降期间颠簸防范规定

(1)下降期间飞机易受气流影响而发生颠簸,造成人员受伤等情况。在客舱安全检查期间,乘务员要有防范颠簸的敏感度,提高自我保护的意识。

(2)正在进行安全检查的乘务员,需提高下降前的安检效率,如遇颠簸,可根据颠簸强度,暂停安检,做好自身防护。如颠簸持续时间较长,乘务员无法返回客舱进行安检,乘务长需对客舱进行暂停安检工作的广播并加以说明和提醒。

(3)颠簸期间应遵循以下原则:停止客舱安全检查工作,以确保自身安全为首要;提高下降期间各项工作效率,关注客舱安全。

七、下降期间客舱安全管控

(1)下降期间整理行李物品、使用洗手间的旅客人数增加,乘务员需提示排队使用洗手间及在客舱中站立的旅客做好安全防护。

(2)如提前知道下降会发生颠簸,乘务长可适当将下降广播时间提前,做好下降期间各项工作。

八、落地前再次确认安全带广播

女士们、先生们:

我们的飞机马上就要着陆了。请您再次确认您的安全带已经扣好系紧,手机等便携式电子设备已调至飞行模式,谢谢!

Ladies and gentlemen,

Our aircraft will be landing soon. Please make sure your seat belt is securely fastened and portable electronic devices, like mobile phones, have been switched into flight mode. Thank you for your cooperation.

📋 任务小结

在航班即将落地前,应按照各航空公司的规范做好机供品回收、客舱安全检查和紧急出口座位的再次确认等工作。

📋 思考题

1. 机供品回收要求是什么?
2. 简述航班下降前的安全检查注意事项。

任务八　送客服务

一、飞机滑行时

飞机着陆时,由乘务长进行客舱广播,同时其余乘务员在飞机完全停稳前观察客舱情况,通过客舱广播提醒正在客舱中站立、离开座位或是开启行李架的旅客,以及打开手机的旅客注意安全。

二、飞机停稳,安全带信号灯熄灭后

（一）窄体机

1. 有头等舱的飞机

头等舱乘务员拉上公务舱与经济舱之间的隔帘,然后再拉上公务舱与服务间之间的隔帘,返回门区待命。

2. 无头等舱的飞机

头等舱乘务员拉上客舱与服务间之间的隔帘,返回门区待命。

（二）宽体机

头等舱乘务员分别拉上公务舱 L、R 通道与经济舱的隔帘,以及服务间 L、R 通道与头等舱的隔帘。

三、滑梯解除预位

机长在确认发动机关车后,应关闭"系好安全带"电门,乘务长在确认客舱"系好安全带"信号灯熄灭之后,才可以下达解除滑梯的指令。

（一）滑梯解除预位的要求

（1）乘务长在飞机停稳后下达操作滑梯解除预位口令:"各号位乘务员,请将滑梯解除预位,并做交叉检查。"舱门第一责任人需回服务间操作滑梯。

（2）应严格按照口令进行操作,不得遗漏程序和口令,不得代操作。

（3）乘务长发布预位口令要及时准确、富有权威性，乘务员能够清晰地接收到乘务长发出的工作口令。

（4）涉及乘务员的口令回复不仅要做到彼此之间倾听清楚，还要确保周围旅客（最近一排旅客）倾听清晰，加强旅客安全感，以备调查取证。

（二）B737-800 机型飞机的舱门滑梯解除预位程序

（1）乘务长通过公共广播（PA）形式发布滑梯操作口令："各号位乘务员就位，滑梯解除预位，确认检查。"

（2）各门区乘务员同时按以下步骤将滑梯解除预位（口令、动作）：

①从地板支架内取出滑梯杆；

②固定在滑梯包挂钩上；

③将红色警示带横挂于观察窗；

④交叉互检确认滑梯解除预位。

（3）各门区乘务员将滑梯操作完毕后应到另外一个舱门处进行滑梯解除预位检查。操作 L1 舱门滑梯解除预位的乘务员检查 R1 舱门滑梯解除预位情况，操作 L2 舱门滑梯解除预位的乘务员检查 R2 舱门滑梯解除预位情况，以此类推。

（4）滑梯解除预位检查顺序应从下至上，目视滑梯杆固定在滑梯包挂钩上，红色警示带横挂于观察窗。

（5）滑梯解除预位检查完毕后立即进行报告"××门解除预位完毕"，后舱乘务员需用内话报告乘务长"后舱舱门滑梯解除预位完毕"。

（三）A320 机型飞机的舱门滑梯解除预位程序

（1）乘务长通过公共广播（PA）形式发布滑梯操作口令："各号位乘务员就位，滑梯解除预位，确认检查。"

（2）各门区乘务员同时按以下步骤将滑梯解除预位（口令、动作）：

①将滑梯预位手柄操作至绿色 DISARMED 位；

②取出安全销锁定手柄，红色警示带外露；

③确认检查。

（3）各门区乘务员将滑梯操作完毕后应到另外一个舱门处进行滑梯解除预位检查。操作 L1 舱门滑梯解除预位的乘务员检查 R1 舱门滑梯解除预位情况，操作 L2 舱门滑梯解除预位的乘务员检查 R2 舱门滑梯解除预位情况，以此类推。

（4）滑梯解除预位检查顺序应从上至下，目视确认滑梯预位手柄在绿色 DISARMED 位，红色警示带外露。

（5）滑梯解除预位检查完毕后立即进行报告"××门解除预位完毕"，后舱乘务员需用内话报告乘务长"后舱舱门滑梯解除预位完毕"。

四、舱门开启操作

飞机停稳后,一般只开启 L1 舱门安排旅客下机,如需补充机供品,一般开启 L2 舱门来对接航食车,开启 L1 舱门前需要提供确认客梯车或廊桥停靠到位后方可开启舱门,开启 L2 舱门则需要先开启舱门再对接航食车。

(一)L1 舱门开启前确认

(1)当客梯车或廊桥靠近飞机时,做好开门准备。
(2)客梯车或廊桥到位。
(3)得到地面工作人员发出的廊桥或客梯车已经停好的信号(据各机场的要求,如敲门、手势等)。
(4)确认滑梯预位已经解除。

(二)L2 舱门开启前确认

(1)后舱负责人在飞机落地停稳且滑梯解除完毕后,应向乘务长请示能否开启后舱 L2 舱门以对接航食车,得到乘务长同意后,应立即开启舱门。
(2)舱门开启前应做好滑梯解除预位的互检和确认工作,开门时需一人操作、一人监控。
(3)舱门开启后,立即挂好阻拦绳。
(4)如遇雨雪、寒冷等特殊天气,后舱负责人应注意观察航食车是否已经到位,待航食车到达飞机下,应立即按照上述标准开启舱门,避免因乘务员和航机员相互等待造成航食车对接不及时而引起的延误情况发生。

(三)B737-800 机型飞机的舱门开启程序

舱门开启操作应严格按照口令进行双人制操作,要求"口到、心到、眼到、手到",不得遗漏程序和口令,不得代操作。
(1)确认滑梯杆固定在滑梯包挂钩上。
(2)确认警示带横至于观察窗上。
(3)确认门内外无障碍物。
(4)逆时针转动舱门操作手柄至水平位,开门,推至阵风锁锁闭。
(5)拉好阻拦绳(如开启 L1 舱门可省略此步骤)。

(四)A320 机型飞机的舱门开启程序

舱门开启操作应严格按照口令进行双人制操作,要求"口到、心到、眼到、手到",不得遗漏程序和口令,不得代操作(见图 4-33)。

(1) 确认滑梯预位手柄在绿色 DISARMED 位。
(2) 确认门内外无障碍物。
(3) 确认客舱压力警告灯不闪亮。
(4) 轻抬舱门手柄 15°,确认滑梯预位指示灯不亮。
(5) 将舱门操作手柄上抬至开位,开门推至阵风锁锁闭。
(6) 拉好阻拦绳(如开启 L1 舱门可省略此步骤)。

(五) 舱门开启程序的注意事项

(1) 乘务员在开关舱门或靠近开启的舱门时,都必须抓好客舱内壁板辅助手柄,做好自身防护。

(2) 在开关舱门前,乘务员操作警示带时,应一手抓住壁板辅助手柄,另一只手进行操作,禁止在未固定自身的情况下两手同时操作警示带。

五、送客

乘务员送客注意事项如下(见图 4-34)。

图 4-33　开启 A320 机型飞机舱门　　　　图 4-34　乘务员准备送别旅客

(1) 乘务长调亮客舱灯光,播放落地音乐。
(2) 乘务员要提前整理好仪容仪表,不可以在旅客面前整理个人仪容仪表。
(3) 各乘务员根据机型站位送客,提醒旅客带齐物品。乘务员应保持微笑、鞠躬 30°,并道再会。
(4) 如有头等舱、公务舱旅客,头等舱乘务员在飞机停稳后应先拉好头等舱、公务舱与经济舱通道的门帘,优先安排头等舱、公务舱旅客下飞机。
(5) 老、幼、病、残、孕、无陪、轮椅、担架、犯罪嫌疑人等特殊旅客应最后下飞机,并且与地服人员做好交接手续。

六、挥手告别礼

乘务员挥手告别如图 4-35 所示。

图 4-35 乘务员挥手告别

（1）执行挥手告别礼的乘务员需跟随最后一名下机的旅客走出客舱，站在客梯车平台上，面朝摆渡车方向。

（2）如飞机停靠两架客梯车，乘务员需选择距离摆渡车较近的客梯车执行挥手告别礼。

（3）乘务员站位时需注意安全，切勿将身体依靠在客梯车扶手上。

（4）最后一辆摆渡车关闭车门后，乘务员目送并自然地抬起右手向旅客挥手告别，至车尾驶离 10 米（相当于摆渡车的长度）方可停止。

任务小结

飞机落地滑行时，要防止旅客起身提拿行李。飞机停稳后，应按照规定做好舱门的滑梯解除预位程序，在得到机场地面人员开舱门的信号后才能将舱门开启。

思考题

1. 简述 B737-800 机型和 A320 机型飞机的舱门滑梯解除预位程序。
2. 简述 B737-800 机型和 A320 机型飞机的舱门开启程序。

项目总结

客舱服务实施阶段是旅客体验飞行至关重要的一个环节,只要其中有一个方面让旅客感到不顺心的话,那么其他内容做得再好都有可能给旅客留下不好的印象,特别在自媒体平台盛行的当下,还有可能成为网络娱乐上抨击的对象。因此,在客舱服务实施阶段,首先要认真贯彻周恩来总理对于民航工作的指示:保证安全第一、改善服务工作、争取飞行正常。只有在保证客舱安全的基础上,才能为旅客提供更好的客舱服务。

项目实训

一、选择题

1. 客舱迎客时,在航班开L1舱门接廊桥、客梯车时,头等舱乘务员在客舱内的站位为(   )。
   A. 头等舱1排C座   B. 头等舱2排C座
   C. 头等舱1排D座   D. 头等舱2排D座

2. 国内航班的经济舱旅客可以携带(   )件行李进入客舱内部。
   A. 1   B. 2   C. 3   D. 无限制

3. 客舱内部(   )可以存放旅客行李。
   A. 行李架   B. 旅客座位下部至前限制区域
   C. 紧急出口座位下方的限制区域 D. 衣帽间封闭区域

4. 每部餐车最多可以摆放(   )份大点心盒。
   A. 60
   C. 100
   B. 80
   D. 120

5. 每个烤箱最多可以摆放(   )份热食。
   A. 40
   C. 60
   B. 50
   D. 80

6. 无成人陪伴儿童简称"无陪儿童",指的是年龄在(   )的儿童。
   A. 12周岁以下   B. 2~12周岁
   C. 5~12周岁   D. 5周岁以上

7. 怀孕超过(   )周的孕妇乘机,航空公司一般不予接受。
   A. 32
   C. 36
   B. 34
   D. 32~36

二、填空题

1. 客舱卫生检查中可采用_____的验收方法进行。

2. 客舱温度一般保持在_____℃,以旅客体感舒适为宜。

3. 客舱茶水要按照_____热冷水比例冲泡。

4. 餐食代码:穆斯林餐_____、婴儿餐_____、儿童餐_____、素食餐_____、糖尿病餐_____、水果餐_____。

5. 重要旅客分为＿＿＿＿＿、＿＿＿＿＿和＿＿＿＿＿。

6. 无自理能力的轮椅旅客的代码为＿＿＿＿＿、有半自理能力的轮椅旅客代码为＿＿＿＿＿、有自理能力的轮椅旅客代码为＿＿＿＿＿。

三、简答题

1. 禁止坐在紧急出口座位的旅客有哪些？

2. 航班起飞和落地阶段静默30秒的内容是什么？

四、客舱服务实施阶段各环节的实训

1. 紧急出口座位的中英文介绍实训。

2. B737机型和A320机型飞机舱门开启、关闭、预位、解除预位实训。

3. 客舱安全检查实训。

4. 客舱安全演示实训。

5. 客舱报纸杂志服务实训。

6. 客舱饮料服务实训。

7. 客舱餐食服务实训。

8. 客舱垃圾回收服务实训。

项目五　客舱航后服务阶段

项目目标

本项目旨在使学生达到客舱航后服务环节中乘务员职业知识学习目标及相关职业能力表现目标。

知识目标

1. 掌握航后客舱检查的工作内容；
2. 了解航后讲评的重要性；
3. 了解航后讲评的内容及如何进行讲评；
4. 了解航后讲评是提高服务水平的重要阶段。

素质（思政）目标

1. 培养学生具有精益求精的工匠精神；
2. 培养学生具有处理突发事件的能力；
3. 培养学生具有使命担当的责任感。

知识框架

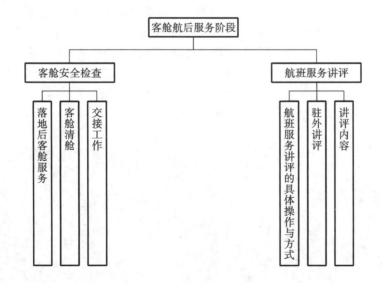

项目引入

客舱航后服务阶段,是指从乘客下机后乘务员安全检查与航后讲评的阶段。此阶段是乘务员飞行服务工作结束后通过总结经验教训,在今后的航班中予以改进,不断提升客舱安全和服务管理水平的过程。

 任务一 客舱安全检查

一、落地后客舱服务

(一) 对老年旅客的服务

乘务员为老年旅客服务时要掌握的沟通要点是:尊重、安慰、关心、体贴。在乘机过程中,老年旅客最关心的就是飞行安全;其次,他们害怕飞机起降时带来的不适应感。乘务员应提前向他们介绍飞机旅行常识,在关键时刻提前告诉他们注意事项,并尽可能守护在他们身边,以消除他们的恐惧心理。

很多老年旅客记忆力不好,容易忘记事情,乘务员在迎客过程中要关注老年旅客行李物品的安放问题,老年旅客不希望行李离开他们的视线,一定要告诉其具体位置,避免老年旅客担心牵挂。在送客时要提醒老年旅客带好自己随身携带的物品(见图5-1)。

(1) 到达时应将保管的拐杖、行李等物品及时交还给老年旅客,并提醒老年旅客带好随身携带物品。

(2) 搀扶老年旅客下机并与地面服务人员交接。

图 5-1 服务老年旅客

(二)对无成人陪伴儿童的服务

无成人陪伴儿童必须由儿童的父母或监护人陪送到上机地点并在下机地点安排人员迎接。

(1)乘务员做好与地面人员的交接工作,同时请地面服务人员签字,并保存其中一联。

(2)没有服务人员陪同,不可以让儿童独自下飞机。

注意:到达目的地后,地面服务人员根据预先得到的通知与乘务员交接,替儿童办好必要的手续并负责把儿童安全交给父母或监护人;无成人陪伴儿童标志牌将自始至终佩戴在无成人陪伴儿童身上。到站后,乘务员将无成人陪伴儿童文件袋转交给目的地地面服务人员。

(三)对行动受限旅客的服务

1 对轮椅旅客的服务

(1)轮椅旅客原则上应先上飞机,后下飞机。

(2)乘务员要帮助旅客整理好随身物品,并送其下飞机。

(3)乘务员要做好与地面服务人员的交接工作。

2 对视力、听力等受限旅客的服务

(1)帮助视力、听力等受限旅客整理衣物、主动提拿行李。

(2)护送视力、听力等受限旅客下飞机,做好与地面工作人员的交接工作。

(四)对孕妇旅客的服务

(1)帮助孕妇旅客整理好随身携带物品,穿好衣服。

(2)帮助孕妇旅客提拿物品,并送其下机。

(3)必要时应将其情况向地面服务人员交接。

注意:从外部特征来看,孕妇旅客容易出现疲惫嗜睡、尿频、恶心呕吐的症状,尤其是闻到厌恶气味的时候表现得更为突出。孕妇旅客最明显的变化就是体重增加,行动不便。因此,乘务员应适时为孕妇旅客提供相应的帮助。

(五)对遣返旅客的服务

遣返旅客或犯人旅客,他们被遣返的原因有多种,性质复杂,有的因为犯罪被押送回国,有的是因为签证过期被遣返,有的是因为偷渡被查出遣返。无论何种原因,必须保持高度的警觉性,全程监控他们的表现,防止他们出现过激的行为,乃至危及航空安全和旅客的安全。一般为遣返人员最先上飞机,最后下飞机;遣返乘客到达目的地之前,由乘务长报告

机长,通知地面边检部门办理交接手续。

二、客舱清舱

飞机清舱是指对航空器客舱、货舱内可藏匿物品和人员的部位进行清理、检查,旅客下机后,乘务员应对客舱各部位进行检查,特别是对行李架上方、座椅下方、座椅背后的口袋及卫生间等进行仔细查看。

(一) 清舱分类

1 正常清舱

在旅客登机前和航班结束送客以后,乘务长应组织乘务员对航空器进行清理和检查。

2 必须进行清舱的情况

在实施航班任务前,怀疑航空器上存在安全隐患或其他非法干扰事件可能对航空器和人员造成危害的情形下,可在报告机长后对人、机、物等进行全面或部分清理及检查。

(二) 旅客下机后清舱工作分工

(1) 四人制:过站期间,3号负责前服务间;1号负责门区洗手间、C舱和F舱;2号负责后服务间、洗手间;4号负责最后一排至Y舱第一排的清舱。

(2) 五人制:过站期间,3号负责前服务间;1号负责门区洗洗手间、C舱;2号负责后服务间、洗手间;4、5号共同负责最后一排至Y舱第一排的清舱。

(3) 六人制:过站期间,3号负责前服务间;1号负责门区洗手间、C舱;2、4号共同负责后服务间、洗手间;5、6号共同负责最后一排至Y舱第一排的清舱。

(三) 清舱注意事项

(1) 负责清前半舱的乘务员由前往后进行清舱,负责清后半舱的乘务员由后向前进行清舱。

(2) 清舱工作应从里到外、从上到下进行细致清舱,以确认旅客没有遗留物品。不能将手伸进座椅口袋,一定要打开口袋目视检查,避免口袋内的尖锐物品将手扎伤。

(3) 负责清后半舱的乘务员的汇报口令:"报告乘务长,后舱无遗留物品。"

(4) 负责清前半舱的乘务员的汇报口令:"报告乘务长,前舱无遗留物品。"

(5) 分工明确,每个号位的乘务员负责自己所在区域的清舱工作。

(6) 检查客舱、洗手间和行李架要仔细、认真,如发现旅客遗失物品或不明物品应及时报告,并对客舱中剩余的毛毯、杂志等物品进行回收,还应关闭阅读灯。

（四）对丢失物品的处理

（1）在飞机上有时会出现旅客报告丢失物品的情况,乘务员得知后,首先要问清物品名称、特征及可能丢失的地点,然后记录其姓名和座位号及联系方式,再立即报告机长,与地面相关人员联系,并帮助查找。

（2）找到失主的物品,首先当面确认无误,再交还给旅客;如来不及寻找或未找到,应向旅客表示歉意,说明情况,留下双方的联络方式,并通知地面继续帮助查找,一旦有结果及时通知旅客。

（3）旅客离机后,乘务员在客舱捡到旅客遗留物品时,应马上报告乘务长。乘务长应填写旅客遗失物品登记表,并将失物及登记表一同交给地面工作人员。

三、交接工作

应填写好交接单,清理毛毯、枕头。关闭除客舱照明外的其他电源。

飞行中发生的紧急事件都要以书面形式报告给本单位业务主管部门,主要包括以下内容:机上人员中毒、受伤、烫伤、死亡;旅客不遵守安全规定、非法干扰;旅客威胁劫机、损坏机载设备、吸烟、拒绝服从机组指令;紧急撤离、烟雾、火警、释压、滑梯展开等情况。

任务小结

乘务组要做好落地后客舱服务工作,根据机上清舱规定,组织乘务员进行清舱检查,并做好交接工作。

思考题

1. 飞机落地后,如何交接遣返人员?
2. 没有找到机上丢失的物品,应如何解决?
3. 假设该航班上有一名无成人陪伴儿童(UM),在航班落地后,乘务员应该如何对其进行服务?有哪些注意事项?

任务二　航班服务讲评

一、航班服务讲评的具体操作与方式

航班服务讲评是指完成航班任务后的工作讲评,是进一步巩固和提高航班服务质量的

重要环节,也称为航后讲评。航后讲评阶段是乘务工作四个阶段中的最后阶段。航班全部结束后,乘务长应召集全体乘务组人员,认真总结本次航班的服务工作,将在航班上反映出的问题填写在乘务日志里,并认真填写客舱故障记录本,对于重大事故要填写重大问题事故报告单。

（一）航后讲评的具体操作

步骤一:乘务长组织讲评会,汇总各区域的工作情况,提出存在问题及改进措施。
步骤二:反馈与各相关部门的协调、配合情况。
步骤三:认真填写乘务日志和相关单据。
步骤四:做好应急医疗箱、资料箱等物品及文件资料的交接工作。
步骤五:如遇特殊情况及时向有关部门汇报。

（二）航后讲评的方式

1 乘务长综合讲评

乘务长综合讲评,即航班结束后,乘务长召集乘务组全体人员到协作室进行航班的总结及讲评。总结每个号位的工作、相互配合情况、工作程序等经验教训,对重要问题进行探讨,对特殊旅客案例进行分析。

2 检查员点评

检查员点评,即航班结束后,乘务长召集乘务组全体人员到会议室进行航班点评。检查员针对本次航班上乘务员的表现进行客观的评价,对航班中涌现出来的好人好事进行表扬,对工作中的重点把握不当、特殊旅客的服务不足等进行详细说明并提出整改意见。

3 乘务员自我讲评

乘务员自我讲评,即航班结束后,乘务长召集乘务组全体人员到协作室集合进行航班讲评。乘务员根据本次航班自己的表现进行自我讲评、取长补短,以便于更顺利地完成今后的服务工作(见图5-2)。

二、驻外讲评

驻外讲评主要包括以下内容:总结上段工作完成情况,找出存在的问题及需要改进的地方;组织乘务员进行相关业务、案例分析及客舱服务简报等学习;对后续航班进行准备,并提出工作要求;总结驻外管理情况等。

图 5-2　乘务员自我讲评

三、讲评内容

（一）特殊旅客服务

特殊旅客是由于某种原因需要在航班上给予特殊照顾的旅客。如在航班中服务无成人陪伴儿童时，更应注意耐心、细心、安心、放心，把服务工作认真、细致地做好。

（二）旅客意见反馈及乘务员工作改进

1　航班延误

航班延误是指承运未能按照运输合同约定的时间将旅客、行李或货物运抵目的地。导致航班延误的原因是多方面的，主要有天气、航空公司自身的管理（飞机调配、机械故障）、空中管制等原因。

2　旅客意见反馈的处理原则

（1）全面听取旅客的抱怨。
（2）如有可能，应设法改变当时的状况。
（3）信息应及时反馈。
（4）航班延误后真诚地向投诉旅客道歉。不卑不亢，体现乘务员应有的素质，换位思考，耐心给予解释，将情况及时与机长沟通。如该旅客仍不满意，可在到达时通知地面工作人员及相关部门，并及时记录任何情况，包括旅客姓名、地址等，将投诉情况写在乘务日志里并及时上报相关部门。

3 改进乘务员工作建议

（1）为旅客提供一些弥补性的服务。如将旅客调整到较空的区域、提供头等舱餐食（条件允许的情况下），提供温水等。

（2）全程关注旅客的感受，多向旅客表达关心及重视，提供以人为本的服务。

（3）原则上乘务员尽量不要为旅客提供书面性材料，如旅客坚持，乘务员可根据当时情况将所看到、所听到的事实客观陈述，避免添加判断性的语言，为旅客提供的纸张一定要正规，合理利用机上配备的信笺。乘务长在自己的飞行箱内可准备一些备份的信笺，以防在交接航班上的缺失。

（4）无法在机上处理时，应该主动向旅客提供公司运行质量部的投诉电话，为旅客提供倾诉平台。

（5）乘务长除在航后日志的附页中详细记录旅客的意见外，应在事发航段结束后的第一时间，及时与当日值班经理或负责投诉的工作人员沟通，以保证及时、有效地处理旅客投诉事件（见图5-3）。

图5-3　乘务长提出改进建议

任务小结

乘务组要根据航后讲评的操作与方式，组织乘务员进行航后点评，包括驻外讲评，并制定整改措施，在今后的航班服务中予以改进，不断提高客舱安全服务管理水平。

思考题

1. 航后讲评的方式有哪几种？
2. 简述驻外讲评的内容。

项目总结

客舱航后服务阶段汇集了航班服务过程中的各种信息,是回顾航班整体质量,持续改进的阶段。根据机上清舱规定组织乘务员进行清舱检查,以及根据航后讲评操作与方式组织乘务员进行航后点评等,有助于乘务员相互学习,不断提高航班的安全管理和服务质量。

项目实训

客舱航后服务

一、实训目标

完成旅客下机后客舱安全检查及航后讲评会。

二、实训准备

(1) 场地条件:客舱服务实训室。

(2) 设备条件:B737机型或A320机型模拟舱。

(3) 材料准备:机供品(毛毯、枕头、报纸等)和个人物品(作业本、笔等)。

三、实训内容

结合以上学习内容,模拟客舱航后服务工作。

四、任务:航后讲评会

(1) 请同学们分组,4~6人一组。

(2) 每个小组选出1人为乘务长,其他同学为乘务员。

(3) 每个小组按要求进行航后客舱安全检查及航后讲评会的模拟,其他小组进行观看,并做好记录。

(4) 模拟结束后,进行讨论并指出不足之处,然后评选出表现最优秀的一组。

[1] 杨桂芹.民航客舱服务与管理[M].北京:中国民航出版社,2011.
[2] 韩瑛.民航客舱服务与管理[M].2版.北京:化学工业出版社,2017.
[3] 马丽,吴云.民航客舱服务与技能[M].北京:中国人民大学出版社,2020.
[4] 魏全斌.民航客舱服务管理实务[M].北京:中国民航出版社,2017.
[5] 孙岚.民航客舱服务案例精选[M].北京:化学工业出版社,2015.
[6] 洪沁.民航客舱服务[M].北京:中国民航出版社,2015.
[7] 刘晖,梁悦秋.空乘服务沟通与播音技巧[M].北京:旅游教育出版社,2007.

教学支持说明

高等职业学校"十四五"规划民航服务类系列教材系华中科技大学出版社"十四五"期间重点规划教材。

为了改善教学效果,提高教材的使用效率,满足高校授课教师的教学需求,本套教材备有与纸质教材配套的教学课件(PPT 电子教案)和拓展资源(案例库、习题库等)。

为保证本教学课件及相关教学资料仅为教材使用者所用,我们将向使用本套教材的高校授课教师免费赠送教学课件或相关教学资料,烦请授课教师通过电话、邮件或加入民航专家俱乐部 QQ 群等方式与我们联系,获取"教学课件资源申请表"文档,准确填写后发给我们,我们的联系方式如下:

地址:湖北省武汉市东湖新技术开发区华工科技园华工园六路

邮编:430223

电话:027-81321911

传真:027-81321917

E-mail:lyzjjlb@163.com

民航专家俱乐部 QQ 群号:799420527

民航专家俱乐部 QQ 群二维码:

扫一扫二维码,加入群聊。

教学课件资源申请表

填表时间：_____年____月____日

1. 以下内容请教师按实际情况填写，★为必填项。
2. 学生根据个人情况如实填写，相关内容可以酌情调整提交。

★姓名		★性别	□男 □女	出生年月		★职务	
						★职称	□教授 □副教授 □讲师 □助教

★学校		★院/系	
★教研室		★专业	
★办公电话		家庭电话		★移动电话	
★E-mail（请填写清晰）		★QQ号/微信号	
★联系地址		★邮编	

★现在主授课程情况		学生人数	教材所属出版社	教材满意度		
课程一				□满意	□一般	□不满意
课程二				□满意	□一般	□不满意
课程三				□满意	□一般	□不满意
其他				□满意	□一般	□不满意

教 材 出 版 信 息						
方向一		□准备写	□写作中	□已成稿	□已出版待修订	□有讲义
方向二		□准备写	□写作中	□已成稿	□已出版待修订	□有讲义
方向三		□准备写	□写作中	□已成稿	□已出版待修订	□有讲义

请教师认真填写表格下列内容，提供索取课件配套教材的相关信息，我社将根据每位教师/学生填表信息的完整性、授课情况与索取课件的相关性，以及教材使用的情况赠送教材的配套课件及相关教学资源。

ISBN（书号）	书名	作者	索取课件简要说明	学生人数（如选作教材）
			□教学　□参考	
			□教学　□参考	

★您对与课件配套的纸质教材的意见和建议，希望提供哪些配套教学资源：